Joachim Haas · Danielle Tanc

Le commentaire de texte

- Erläuterungen
- Textbeispiele
- Wortschatz

Verlag Moritz Diesterweg
Frankfurt am Main · Berlin · München

ISBN 3-425-06726-5

© 1986 Verlag Moritz Diesterweg GmbH & Co., Frankfurt am Main.
Alle Rechte vorbehalten. Die Vervielfältigung auch einzelner Teile, Texte oder Bilder – mit Ausnahme der in §§ 53, 54 URG ausdrücklich genannten Sonderfälle – gestattet das Urheberrecht nur, wenn sie mit dem Verlag vorher vereinbart wurde.

Satz und Druck: O. Brandstetter, KG, Wiesbaden
Bindearbeiten: WIB, Wiesbaden

Inhaltsverzeichnis

Vorwort 7

Erläuterungen 9–12
Le commentaire de texte. 9
Le résumé 9
L'analyse 10
Le commentaire personnel 11
La biographie 11
Le portrait 11
Weitere Textsorten 12
    Der Bericht (Le compte rendu) 12
    Die Erzählung (Le récit) 12
    Die Beschreibung (La description) 12

Fragenkatalog 13

Textbeispiele 14–22
«Etre optimiste» von Françoise Giroud 14–17
    Résumé 15
    Analyse 15–16
    Commentaire personnel 16–17
«L'Albatros» von Charles Baudelaire 18–21
    Résumé 18
    Analyse 19–20
    Commentaire personnel 20–21
Biographie 21
Portrait 22

Wortschatz 23–112
Allgemeine Wortfelder 23–66
Anschneiden, behandeln 23
Erwähnen, erzählen, informieren 23–24
Darstellen, beschreiben, schildern 24–25
Nachzeichnen, nachvollziehen 25
Zum Ausdruck bringen, kommen; erscheinen; sich herausstellen . . 26–28
Analysieren, untersuchen, unterscheiden, erkennen 28–29
Erklären, entwickeln 29–31
Zusammenfassen 31–32
Bestehen aus, enthalten, sich einteilen lassen 32–33
Die Wendung «darin bestehen» 33
Diskutieren, Argumente anführen, beweisen 34
Überreden, überzeugen, weismachen 34–35

Annehmen, ablehnen	35
Billigen, mißbilligen	35
Übereinstimmen, übereinkommen	36
Eine Meinung haben, vertreten, ändern	36–37
Auf eine Meinung verweisen	37–38
Einen Standpunkt vertreten, Stellung nehmen	38
Partei ergreifen, neutral bleiben	39
Kritisieren, in Frage stellen	39
Vorbehalte haben, ein distanziertes Verhältnis haben	40
Betrachten als, halten für	40–41
Berücksichtigen, in Betracht ziehen	41–42
Abwägen, Bilanz ziehen	42–43
(Sich) bewußt sein, werden, machen	43–44
Kennenlernen, die Bekanntschaft machen	44–45
Sich vorstellen, eine Vorstellung haben	45
Eine Sicht haben, unter einem Aspekt sehen, in einem Licht darstellen	45–46
Abstand haben, aus der Distanz sehen	46
Verlegen, versetzen, spielen	47
Sich auf jn., etw. beziehen, in Beziehung setzen; jn. betreffen	47–49
Vergleichen	50
Einordnen, zu etw. gehören	51–53
Zeitlich einordnen	53–58
In bezug auf die Gegenwart	53–54
In bezug auf die Vergangenheit	54–55
In bezug auf die Zukunft	55
Ausdrücke mit *moment*	56
Ausdrücke mit *période*	56–57
Ausdrücke mit *temps*	57
Weitere Ausdrücke, die sich auf die Zeit beziehen	57–58
Hervorheben, betonen	59–60
Einen erklärenden Zusatz anfügen	60–61
Beispiele anführen; veranschaulichen	61–62
Texte gliedern	62–65
Texteröffnende Wendungen	62
Weiterführende Wendungen	63
Beschließende Wendungen	63
Lineare Gliederungselemente	63–64
Adversative Gliederungselemente	64–65
Zahladverbien	65
Ausdrücke	65
Den Stil kennzeichnen	66

Wortfelder zur diskursiven Gedankenentwicklung   67–85

Ursache, Grund	67–71
Folge	71–74
Absicht, Zweck, Ziel	74–76
Gegensatz	77–80
Einschränkung, Gegengrund	80–82
Bedingung, Hypothese	82–85
Mittel	85

Wortfelder zur Biographie 86–96

Äußerer Lebensweg 86–90
   Geburtsdatum, Geburtsort, Staatsangehörigkeit 86
   Herkunft, soziales Milieu, Familienverhältnisse 86
   Ausbildung 87–88
      Schulbildung 87
      Berufsausbildung (Studium, Lehre, Fortbildungslehrgang) 87–88
   Berufliche Laufbahn 88–89
   Außerberufliche Betätigungen 90
   Familienstand 90
Entwicklung der Person 90–96
   Kindheit 90
   Übergang von der Jugend zum Erwachsensein 91
   Erfahrungen 91–92
   Krisen 93
   Wendepunkte 93–94
   Bruch 94–95
   Entscheidende Erfolge und Mißerfolge 95–96

Wortfelder zum Portrait 97–112

Kurzportrait 97–98
Ausführliches Portrait 98–112
   Beschreibung der äußeren Erscheinung 98–100
   Charakterbeschreibung 100–112
      Natürliche Anlagen (Angeborene Fähigkeiten) 100–102
         Intellektuelle Fähigkeiten 100–101
            Intelligenz 100–101
            Kreativität 101
         Temperament 101–102
      Erziehung (Erworbene Eigenschaften) 102–103
      Charakter (Gute und schlechte Eigenschaften) 103–105
      Neigungen, Vorliebe, Interessen (Freizeitbeschäftigungen) 106
      Zwischenmenschliche Beziehungen 106–109
         Persönliche Beziehungen 106–107
         Haltung des einzelnen gegenüber der Gesellschaft 107–109
      Moralischer Wert der Person 109–112
         Lebensauffassung 109
         Konflikte 109–110
         Motive, Beweggründe 110
         Reaktionen 111
         Selbstbewußtsein 111–112

Deutsches Stichwortverzeichnis zum Wortschatz 113–124

Vorwort

Eines der Lernziele auf der gymnasialen Oberstufe ist der richtige Umgang mit Texten. Der Schüler muß lernen, Texte zu verstehen, Inhalte wiederzugeben, sich mit diesen auseinanderzusetzen. Dabei kann ihm dieses Buch, das als Lern- und Nachschlagewerk konzipiert ist, behilflich sein. Es enthält

- eine knappe definitorische Darstellung der in einem Schülerkommentar vorkommenden Textsorten. Diese Textsorten sind Ausdruck unterschiedlicher Verfahren der Texterschließung und ihre Beherrschung Voraussetzung für jede Textinterpretation.
- Beispiele für ein *résumé*, eine *analyse* und einen *commentaire personnel*, ebenso wie für eine *biographie* und ein *portrait*.
- einen Fragenkatalog, der den ersten Zugang zu einem Text erleichtern, als Orientierungshilfe dienen kann.
- einen umfangreichen Wortschatz, der in Wortfelder gegliedert ist. Dazu ist im einzelnen zu bemerken:

  In Teil I und II des Wortschatzes sind die Wortfelder nicht thematisiert, sondern werden gedanklichen Prozessen zugeordnet, welche der Schüler bei der Abfassung seines Textes vollziehen muß. Er muß z. B. Ursachen benennen, auf Folgen hinweisen, Gegensätze aufzeigen, Beispiele anführen, Gedanken ordnen usw.

  In Teil III und IV (Wortschatz zur Biographie und zum Portrait) sind die Wortfelder dagegen weitgehend thematisiert. Sie orientieren sich einerseits an den Lebensphasen, die ein Mensch durchläuft, andererseits an Begriffen, die sich aus dem Spannungsfeld, in dem sich der Mensch verwirklicht, ergeben, wie z. B. Verhältnis Individuum/Gesellschaft, Erfolg/Mißerfolg usw. Hier findet der Schüler außerdem Gesichtspunkte, unter denen er eine Person beschreiben, ihr Verhalten beurteilen kann.

  Das in den Wortfeldern gebotene Vokabular ist sehr umfangreich. Der Schüler kann für seinen aktiven Sprachgebrauch eine individuelle Auswahl treffen.
- eine große Auswahl von Beispielsätzen, in denen das einzelne Wort eingebettet ist. Diese Sätze bieten ein modernes Sprachmaterial aus den Themenbereichen des alltäglichen Lebens, der Zivilisationskunde sowie der Literatur. Der Schüler bekommt dadurch gleichzeitig die Gelegenheit, seinen aktiven Wortschatz beträchtlich zu erweitern.
- ein Stichwortverzeichnis. Einzelbegriffe können damit schnell aufgefunden werden.

Eine übersichtliche Anordnung des Wortschatzes erleichtert dem Schüler das Lernen.

ERLÄUTERUNGEN

1 Der *commentaire de texte* ist – als Bestandteil der schriftlichen Abiturprüfung – kein freier Kommentar. Dem Schüler werden 4–6 Fragen zu einem Text mit zivilisationskundlichem bzw. literarischem Inhalt gestellt. Diese Fragen sind nicht so aufeinander abgestimmt, daß ihre Beantwortung eine vollständige, in sich geschlossene Interpretation ergäbe. Sie zielen vielmehr auf die Überprüfung von Kenntnissen und Fähigkeiten im Umgang mit Texten. Der Schüler muß im einzelnen beweisen, daß er

- aufgrund seiner Sachkenntnisse den Text inhaltlich versteht;
- aufgrund seiner methodischen Kenntnisse den Text unter verschiedenen Gesichtspunkten erschließen kann;
- aufgrund seiner Sprachkenntnisse imstande ist, das Textverständnis zu formulieren.

Der Schülerkommentar ist also sowohl in bezug auf seinen Inhalt als auch in bezug auf die anzuwendende Methode gesteuert. Für das methodisch richtige Vorgehen ist es wichtig, daß der Schüler erkennt, welcher Textsorte er sich bei seiner Textinterpretation zu bedienen hat. Im konkreten Fall hat er, je nachdem wie die Frage gestellt ist, ein *résumé*, eine *analyse*, einen *commentaire personnel*, ein *portrait*, eine *biographie* zu verfassen, um nur die häufigsten der im *commentaire de texte* vorkommenden Textsorten zu nennen.

2 Le résumé (Die Zusammenfassung)

Mit dem *résumé* wird in knapper Form der Inhalt eines literarischen Textes (z. B. Gedicht, Theaterstück, Roman) oder eines nicht-literarischen Textes (z. B. Zeitungsartikel, Aufsatz, Interview, Vortrag) wiedergegeben.

Innerhalb des *commentaire de texte* soll der Schüler mit dem *résumé* beweisen, daß er den Inhalt des Textes verstanden hat. Das *résumé* kann hier der erste Schritt zu einer umfassenden Textinterpretation sein.

Bei der Anfertigung eines *résumé* ist zu beachten:

1. Das *résumé* darf nur die **Hauptgedanken** und die Hauptfakten des Textes enthalten. Beispiele, ausschmückende Passagen, detaillierte Beschreibungen bleiben unberücksichtigt.
2. Die Gedanken und Ereignisse werden in der Regel in der **Reihenfolge des Originaltextes** (lineare Gliederung) wiedergegeben. Dadurch soll auch der Aufbau des Textes erkennbar werden.
3. Das *résumé* muß mit **eigenen Worten** formuliert werden. Schlüsselbegriffe des Originaltextes können wörtlich übernommen, Wiederholungen an einer Stelle zusammengefaßt werden.
4. Das *résumé* wird im **Präsens** (3. Person) abgefaßt. Als Nebentempora können vor allem *passé composé* und *imparfait* vorkommen. (Das *résumé* darf **nicht** mit einer **Nacherzählung** verwechselt werden. Haupttempus der Nacherzählung ist das *passé composé* bzw. das *passé simple*.)
5. Der Stil ist **sachlich** referierend, ohne persönliche Stellungnahme.
6. Liegt dem *résumé* ein erzählender Text zugrunde, dann werden die Zeitadverbien der indirekten Rede gebraucht, z. B. *le lendemain* für *demain*.

3 L'analyse (Die Abhandlung)

Die *analyse* ist der zentrale Teil der Textinterpretation. Während mit dem *résumé* der Text in seiner Oberflächenstruktur nachgezeichnet wird, erlaubt die *analyse*, die Struktur in die Tiefe hinein sichtbar zu machen, indem der Text in seine Elemente zerlegt wird. Ziel dieses Verfahrens ist es, den Sinn der Aussage im Detail zu erfassen, die sprachlichen Mittel, deren sich der Autor bedient, bewußt zu machen und als Ausdruck seiner spezifischen Einstellung zum Thema zu interpretieren.

Bei der Abfassung einer *analyse* ist im einzelnen zu beachten:

1. Die *analyse* erstreckt sich auf **Inhalt, Sprache**, äußere und innere **Form** des Textes.
2. Ausgangspunkt der *analyse* sind die Hauptgedanken; ihnen werden die Nebengedanken zu- und untergeordnet.
3. Der Aufbau der *analyse* vollzieht sich **dialektisch**, d. h. in **Gegensatzbegriffen**, wie z. B. Ursache/Folge, Individuum/Gesellschaft, Gefühl/Vernunft, Gegenwart/Vergangenheit usw.
4. Gegenstand der Formanalyse ist der **Stil** des Autors, der Aufbau des Textes, Besonderheiten, die sich aus der Zugehörigkeit des Textes zu einer literarischen Epoche, einer Gattung, Sorte ergeben.
5. Einzelergebnisse werden schließlich **zusammengefaßt,** und ihre Bedeutung wird für das Ganze aufgezeigt.

4 Anmerkung

I. Der Stil eines Textes kann geprägt sein durch

1. die Zugehörigkeit zu einer Textsorte. Dabei kann man unterscheiden:
    - Literarische Textsorten, z. B. Drama, Roman (textes littéraires, par ex. drame, roman)
    - Nicht-literarische Textsorten, z. B. Zeitungsartikel, Abhandlung
    (textes non-littéraires, par ex. article de journal, traité)
2. die Zugehörigkeit zu einer literarischen Epoche oder einer literarischen Bewegung, z. B. Klassik, Romantik (par ex. classicisme, romantisme)
3. die individuelle Persönlichkeit des Autors. Der Autor kann eine Vorliebe haben z. B. für den Gebrauch von
    - bestimmten Adjektiven oder Verben (certains adjectifs ou verbes)
    - parataktischen oder hypotaktischen Satzkonstruktionen (constructions coordonnées ou subordonnées)

    Er kann darüber hinaus seinen Gegenstand
    - mit Humor, Ironie, Sarkasmus (avec humour, ironie, dérision)
    - mit Unter- oder Übertreibung (en exagérant ou en minimisant les faits)
    darstellen.

5

II. Die Stilmittel können sich beziehen auf

1. den Wortschatz (le vocabulaire)
2. den Satzbau (la syntaxe)
3. die Satzmelodie und den Satzrhythmus (la mélodie et le rythme de la phrase)
4. die Bildlichkeit der Sprache (le caractère imagé du langage)
    Sie kommt zum Ausdruck durch den Gebrauch von Vergleichen (comparaisons), Metaphern (métaphores), Symbolen (symboles) oder Verfahren wie Personifizierung (personnification).
5. den Aufbau eines Textes (la composition d'un texte)
    Er kann gekennzeichnet sein durch Verfahren wie
    - lineare oder verschlungene Erzähltechnik (technique de récit où les événements se succèdent de façon linéaire ou s'entrecroisent)
    - Antithese (antithèse)
    - Parallelismus (parallélisme)
    - chronologische Anordnung (ordre chronologique).
6. das Erzähltempo (le rythme)
    Merkmale eines Handlungsverlaufs können sein: Überstürzung, Verzögerung, Steigerung der Ereignisse (la précipitation des événements, leur retardement, leur gradation).

6 Le commentaire personnel (Die Erörterung)

Der *commentaire personnel* bildet im allgemeinen den Abschluß einer Textinterpretation. Der Text wird jetzt nicht mehr unter Gesichtspunkten, die aus ihm selber gewonnen werden, untersucht, sondern seine Aussage wird mit Maßstäben, die von **außen** an ihn angelegt werden, beurteilt. Vom Schüler wird also eine **persönliche Stellungnahme** erwartet. Dabei soll er seine eigene Auffassung mit der des Autors konfrontieren und sich mit diesem auseinandersetzen.

Bei der Erstellung eines *commentaire personnel* ist im einzelnen zu beachten:

1. Die Gedanken sollen **logisch** entwickelt sein, so daß der Prozeß der Meinungsbildung nachvollziehbar ist.
2. Behauptungen müssen durch **Argumente** gestützt werden. Diese enthalten nachprüfbare Tatsachen, Sachkenntnisse, allgemeine, aber auch persönliche Erfahrungen. Argumente können in Form von **Beispielen** angeführt werden. Sie dienen dann nicht nur zur Begründung des Gesagten, sondern auch zu dessen Veranschaulichung.
3. Bei der Auseinandersetzung mit dem Autor sind, soweit dies für eine ausgewogene Stellungnahme notwendig erscheint, die historischen, sozialen, personalen Bedingungen, unter denen der Text zustande gekommen ist, zu berücksichtigen.
4. Dem Autor zugeschriebene Standpunkte, Ansichten müssen sich im Text nachweisen lassen.

7 La biographie, le portrait (Die Biographie, das Portrait)

Bei der Darstellung der Person unterscheidet man die *biographie* und das *portrait*.

In der ***biographie*** wird die Person unter dem Aspekt des Verlaufs ihres Lebens gesehen. Textbestimmend ist die **Zeitperspektive**. Sie kommt inhaltlich durch Wörter wie Geburt, Kindheit, Jugend usw. zum Ausdruck, strukturell durch den Gebrauch von temporalen Konjunktionen und temporalen Umstandsergänzungen.

Die Zeitperspektive kann sich auch in eine Raumperspektive umsetzen, da Zeit und Raum korrelative Begriffe bzw. Sichtweisen sind. Diese Umsetzung erlaubt es, das abstrakte Phänomen Zeit durch Ausdrücke wie Zeitraum, Lebensweg, Laufbahn, Etappe usw. zu veranschaulichen.

In einer Biographie werden nicht nur die **äußeren Lebensumstände** dargestellt, sie enthält auch die **geistig-seelische Entwicklung** der Person. Äußeres Leben und innere Entwicklung verlaufen jedoch selten synchron. Sie stehen unter verschiedenen Zeitgesetzen. Für die äußeren Lebensdaten ist die kalendarische Zeit bestimmend; sie hat die lineare Gliederung der Darstellung (von der Geburt bis zum Tode) zur Folge. Die innere Entwicklung vollzieht sich dagegen in der subjektiv erlebten und gestalteten Zeit. Diese hat ihren eigenen Rhythmus, der von Pausen, wechselnden Tempi, Brüchen usw. gekennzeichnet ist. Beide Zeitstränge sollten verfolgt und dargestellt werden. Sh. dazu «Wortschatz zur Abfassung einer Biographie» 114–133.

8 Im *portrait* werden die Eigenschaften und Antriebe beschrieben, deren Zusammenspiel den **Charakter** einer Person ausmachen. Der Aufbau des Portraits ist von dem der Biographie sehr verschieden. Der Biographie liegt die Vorstellung einer Linie, der Lebenslinie, zugrunde, dem Portrait die einer Fläche, eines **Bildes**. Dem chronologischen Nacheinander der Biographie entspricht hier ein **Mit- und Nebeneinander,** indem aus Einzelzügen und Merkmalen der Person das Portrait wie ein Mosaik zusammengesetzt wird. Sh. dazu «Wortschatz zur Abfassung eines Portraits» 134–159.

Ist nun eine Person oder eine literarische Figur ausführlicher zu charakterisieren (frz.: faire le portrait moral et physique), dann ist es selbstverständlich, daß eine solche Charakteristik nicht nur Elemente des Portraits enthält, sondern auch Elemente, die im engeren Sinne zur Biographie gehören.

Weitere Textsorten

Es kann auch vorkommen, daß der Schüler als Teil seiner schriftlichen Arbeit einen Bericht, eine kurze Erzählung oder eine Beschreibung verfassen muß. Dabei ist im einzelnen zu beachten:

9 Der Bericht (Le compte rendu)

Unter Bericht versteht man eine knappe, sachliche Darstellung, die sich auf die Wiedergabe von Fakten beschränkt und insofern informativ für den Leser ist.

Der Bericht gibt Antwort auf Fragen wie:
- Um welche Art von Ereignis handelt es sich? *De quelle sorte d'événements s'agit-il?*
- Wann, wo, unter welchen Umständen hat es stattgefunden? *Quand, où et dans quelles circonstances ces événements se sont-ils déroulés?*
- Wer war beteiligt? In welcher Funktion? *Qui était en cause? Dans quel rôle?*
- Wie lange dauerte das Ereignis? *Combien de temps ont duré ces événements?*
- Welches Ergebnis hat es erbracht? *Quels résultats ces événements ont-ils entraînés?*
- (Wie kann man es bewerten? *Quel jugement peut-on porter dessus?*)

Die Zeit, in der der Bericht abgefaßt wird, ist das *passé composé* oder das *passé simple*. Als Nebentempus kommt das *imparfait* vor. Der Bericht kann mit einer persönlichen Stellungnahme abschließen. Diese wird ggf. im Präsens abgefaßt.

10 Die Erzählung (Le récit)

Die Erzählung spiegelt – im Gegensatz zum Bericht – die Wirklichkeit im Erlebnis des Autors oder seiner Figuren wider. Dabei spielen Impressionen, Gefühle, Reaktionen eine wichtige Rolle. Die Darstellung wird ausgeschmückt, Details hervorgehoben.

Die Erzählung wird im *passé composé* oder im *passé simple* abgefaßt, als Nebentempus kommt das *imparfait* vor.

11 Die Beschreibung (La description)

Die Beschreibung ist eine genaue, anschauliche Darstellung eines Sachverhaltes, eines Gegenstandes, einer Landschaft oder einer Person. Genauigkeit und Anschaulichkeit können erreicht werden durch den Gebrauch von Adjektiven und lokalen Umstandsbestimmungen. Letztere dienen dazu, dem Leser eine räumliche Vorstellung zu vermitteln.

Fragenkatalog

Bei der Abfassung eines *commentaire de texte* kann es hilfreich sein, sich zunächst anhand eines Fragenkatalogs Klarheit über Inhalt und Aufbau des vorgelegten Textes zu verschaffen. Solche Fragen können sein:

12 1. In bezug auf darstellende Texte

> Quelles sont les idées principales du texte?
> Quels sont les différents thèmes abordés par l'auteur dans ce texte?
> Quel est le plan Gliederung de ce texte?
> Comment (Selon quel plan) l'auteur développe-t-il ses idées?

13 2. In bezug auf Handlungstexte

a) Allgemein

> Quels sont les personnages? Quels sont les rapports qu'ils ont entre eux? Où se déroule l'action? Où se passe la scène? Quel est le cadre de l'action? Dans quelles circonstances (A quel moment) se déroule l'action?

b) Dramatische Texte

> Qu'apprenons-nous dans la scène d'exposition?
> Quels sont les personnages?
> Où, quand (à quelle époque) se situe l'action?
> Quelles sont les causes du conflit?
> Comment évolue l'action?
> Quels en sont les différents épisodes?
> Comment se noue l'action?
> Comment le conflit atteint-il son point culminant?
> Où se situe le tournant de l'action?
> La nature du dénouement est-elle heureuse, malheureuse?
> Comment la pièce se termine-t-elle?

14 3. In bezug auf den Charakter einer Person

> Quels sont les traits dominants du caractère de ce personnage?
> Quel est le côté le plus surprenant de son caractère?
> Quels sont les aspects de sa personnalité qui vous frappent d'emblée auf Anhieb?
> A quel aspect du caractère de ce personnage êtes-vous particulièrement sensible?
> Quels sont les principaux défauts et les principales qualités de ce personnage?
> Comment peut-on caractériser (dépeindre) ce personnage?
> Pouvez-vous tracer un portrait physique et moral des principaux personnages?
> Les réactions de tel personnage vous étonnent-elles?

15 4. In bezug auf Textsorte und Stil

> A quelle forme littéraire se rattache l'œuvre étudiée? Quels sont les procédés de style utilisés par l'auteur? A quels effets de style recourt ici l'auteur? Dans quel courant littéraire s'inscrit (la démarche de) l'auteur? Quelles sont les caractéristiques de ce courant?

TEXTBEISPIELE

I.

Zugrunde liegt folgender Originaltext:

16   ETRE OPTIMISTE[1]

Grâce soit rendue aux princes du pétrole. Sans eux, nous serions encore aveugles et sourds aux avertissements Alarmsignalen qui, depuis quelques années, tombaient cependant.
Voilà que, jour après jour, les orgueilleuses nations qui ont dominé le monde se découvrent une poignée Handvoll parmi cent cinquante, petit groupe opulent reiche et fragile.
5   Combien d'Européens savaient – combien savent aujourd'hui, ce qui s'appelle savoir – que l'univers ne s'ordonne pas autour de leurs frontières, leur culture, leur langue, leurs vieilles querelles et leurs spécialités gastronomiques?
Mais le choc est venu. Le plus indifférent va être contraint d'en ressentir les ondes dans sa vie de chaque jour et de s'interroger: que sera la vie, demain?
10   Question troublante quand on a le sentiment que personne ne connaît la réponse. Qu'il n'y a pas de réponse. La situation la plus insupportable n'est pas le malheur subi, c'est le malheur imaginé. On marche plus heureux vers un précipice ignoré que vers un ruisseau où l'on craint de se noyer.
La nature particulière de l'angoisse diffuse, aujourd'hui, partout, c'est qu'elle réside dans l'imagination du lendemain plus que dans le vécu d'aujourd'hui.
15   C'est là un grand danger, propre à provoquer les gestes fous pour hâter ce que l'on redoute.
D'autant que la plupart des hommes ne savent concevoir l'avenir que par référence au passé. Ainsi la fin de l'Empire romain, la crise de 29, Munich 38 et Mai 68 surgissent-ils au coin des phrases comme des repères Orientierungspunkte auxquels s'accrocher. Faux repères tout juste bons à égarer davantage. L'Histoire ne se répète jamais.
20   La partie engagée dans le monde Der Kampf, der... begonnen hat est en fait la première, la première où les optimistes ne prétendent mobiliser que la réflexion contre les réflexes, les armées de la raison contre les mouvements naturels. Et c'est en quoi elle est unique dans l'Histoire.
Jusqu'à présent, on a toujours vu l'égoïsme immédiat, l'esprit de possession et de conquête, le mépris pour les faibles, les réflexes, en somme, les plus propres aux êtres humains fût-ce sous de
25   beaux déguisements, l'emporter sur la réflexion à l'échelon des collectivités Gruppen et des nations.
Etre optimiste, aujourd'hui, ce n'est certes pas croire tout soudain que la générosité, le respect des humbles et l'amour du prochain vont devenir le sang de la politique internationale et irriguer bewässern le Sahel Halbwüste, Hungergebiet in Nordafrika.
30   Etre optimiste, c'est espérer plus simplement que l'égoïsme universel, ou, si l'on préfère, la solidarité raisonnée de l'espèce, l'emportera sur les égoïsmes.
On sait que, chez les rats, il y a parfois des épidémies de suicides. Chez les hommes aussi: cela s'appelle la guerre.
Etre optimiste, c'est croire, timidement, que nous ne sommes plus des rats.

Françoise Giroud

---
[1] Erschienen in L'EXPRESS, Numéro spécial de décembre 1974.

17 Résumé

Au début de son article, Françoise Giroud fait louange singt... ein Loblied aux princes du pétrole du fait qu'ils ont contraint les Européens à admettre qu'ils ne sont plus désormais les maîtres du monde.

La journaliste décrit ensuite la perplexité et l'angoisse des Européens face à l'avenir après le choc
5 de cette prise de conscience. Elle exprime la crainte que les Européens en arrivent dans leur égarement Verwirrung à provoquer les catastrophes que justement ils redoutent. Ils renouvelleraient en cela les erreurs de ceux qui ont parfois cru pouvoir tirer du passé des leçons bonnes à appliquer à l'avenir.

Dans la seconde partie de son article, F. G. indique qu'elle entrevoit malgré tout une solution
10 possible aux problèmes actuels dans une action réfléchie de ceux qu'elle appelle les «optimistes».

La journaliste montre en conclusion qu'une telle attitude peut, dans une certaine mesure, laisser espérer que l'homme saura dominer ses problèmes.

18 Analyse

L'article de la journaliste Françoise Giroud intitulé ETRE OPTIMISTE s'ordonne autour de deux axes principaux de réflexion: il traite d'une part de la crise traversée actuellement par les nations européennes et des dangers d'un comportement irrationnel qu'elle pourrait entraîner et d'autre part de l'optimisme relatif dont, à son avis, on peut tout de même faire preuve face à la
5 situation actuelle.

F. G. analyse cette situation de crise sous trois aspects différents: elle en précise les symptômes, en dégage les causes, et en imagine les conséquences possibles.

Les symptômes sont ceux d'une angoisse diffuse, d'une vision cauchemardesque Schreckensvision de l'avenir et d'une incapacité oppressante beklemmenden à trouver des réponses aux questions qui
10 se posent pour le présent et pour l'avenir.

Les causes de cette perplexité sont à chercher d'un côté dans le fait que la situation des Européens dans le monde s'est modifiée et de l'autre dans le fait que ceux-ci se sont très longtemps refusés à admettre ce changement. Ce n'est que l'apparition de la crise énergétique qui leur a fait véritablement prendre conscience qu'ils ne pouvaient plus désormais continuer à
15 imposer leur volonté politique et leur culture aux autres peuples du monde. Les nations européennes se situent maintenant au même rang que nombre d'autres nations du monde, pas au-dessus, c'est-à-dire qu'elles peuvent être aujourd'hui leurs partenaires, plus leurs maîtres. De nombreux Européens ont de la peine à s'adapter à ce nouvel état de fait. C'est pourquoi ils se tournent vers l'Histoire pour trouver dans le passé les leçons à appliquer à l'avenir. Mais de l'avis
20 de F. G., cette voie n'est pas la bonne.

Les conséquences de cet égarement peuvent être catastrophiques, les hommes retombant dans leurs anciens travers Fehler en se jetant dans l'action de façon irréfléchie.

Après avoir brossé ce tableau très sombre, F. G. en vient cependant à développer une thèse selon laquelle tout n'est pas perdu pour autant. Il existe, nous dit-elle, des raisons d'espérer, puisque
25 certains hommes ont décidé de miser setzen sur la raison et non plus sur le réflexe, fait unique, croit pouvoir noter la journaliste, dans l'histoire de l'humanité.

Il n'est toutefois pas question de penser que la nature humaine soit à même imstande de se modifier en profondeur: l'égoïsme est et restera son trait fondamental. Mais F. G. estime que les égoïsmes jusqu'ici limités à l'intérêt du petit nombre, peuvent, et c'est là le fruit de la réflexion, s'élargir
30 aux dimensions du monde tout entier. L'être humain est suffisamment intelligent pour réaliser qu'il ne se sauvera lui-même que s'il se sent solidaire de tous ses semblables.

Dans sa conclusion, F. G. montre que son optimisme reste mesuré: elle croit «timidement» que l'être humain est supérieur à l'animal, car il possède une intelligence qui lui permettra, du moins elle l'espère, de s'adapter aux nouvelles circonstances.

35 F. G. fait preuve tout au long de cet article d'un style de journaliste qui a le goût de la formule ramassée prägnante Formulierung («L'Histoire ne se répète jamais»), de l'image qui porte, par exemple celle du rat. Ses idées se développent avec vivacité, avec des variations dans le ton du discours comme celle-ci: «Combien d'Européens ... gastronomiques?», où la dernière formule de par son caractère ironique produit un effet de contraste et de surprise avec ce qui précède. La
40 journaliste manifeste aussi à l'occasion un certain goût pour le sarcasme («Etre optimiste ... rats.»). Enfin, chaque fois que la pensée pourrait devenir trop abstraite, F. G. a recours à une image, ainsi dans le passage «Etre optimiste ... Sahel».

F. G. démontre dans son article qu'un nouvel ordre s'est instauré entstanden ist dans le monde au prix d'un bouleversement des hiérarchies en place jusque-là. Devant ce constat Feststellung ô
45 combien traumatisant, la journaliste invite les Européens à relever le défi die Herausforderung aufzunehmen. Pour cela, ils ne doivent pas se jeter dans de nouvelles guerres, mais bien plutôt se donner le temps de la réflexion pour juger sainement de la situation et y faire face sans panique. C'est ce qui permet à F. G. de se montrer relativement optimiste.

19 Commentaire personnel

L'article de F. G. a paru en 1974, dans le magazine L'EXPRESS, à l'époque du choc pétrolier provoqué par les pays producteurs de pétrole. Et bien que les années aient passé, cet article conserve, à mon avis, toute sa valeur. Il y a à cela plusieurs raisons. On peut noter, pour commencer, que la situation politique et économique n'a guère évolué depuis cette date. La prise
5 de conscience souhaitée par F. G. et la nouvelle orientation en matière de politique qui s'en serait suivie n'ont pas vu le jour. Les problèmes qui existent en fait depuis la fin de la seconde guerre mondiale, demeurent. Bien que la journaliste n'y fasse que peu allusion dans son article, tout le monde est évidemment bien conscient de la situation: il va de soi que les Européens ne sont pas prêts à abandonner leurs positions pourtant depuis longtemps dépassées, peut-être même en
10 sont-ils incapables. Il faut ensuite souligner ce qui est à la fois paradoxal et en même temps caractéristique de la situation actuelle, à savoir que chacun perçoit au fond la nécessité d'une politique commune. Il n'a d'ailleurs pas manqué de tentatives au cours des dernières années pour réaliser une telle politique. On pourrait citer comme exemple les traités de Rome qui furent conclus entre les pays fondateurs de la Communauté Européenne et devaient constituer le point
15 de départ d'une confédération politique.

A l'époque, les peuples des différents Etats concernés étaient enthousiastes et soutenaient les décisions prises par leurs hommes politiques. Mais très vite l'idée d'une Europe unie a paru relever de l'utopie in den Bereich der Utopie zu gehören, car rien ne parvenait à la traduire dans les faits. Et petit à petit, les travaux pour la construction de l'Europe se sont ramenés beschränkten sich ...
20 darauf essentiellement, me semble-t-il, à une succession de réunions de diplomates, de bureaucrates, et je crois même pouvoir ajouter d'opportunistes. On connaît le résultat de cette orientation: c'est là, très certainement, qu'a été gâchée verpaßt l'occasion de fournir une identité commune aux différents peuples européens.

Cette évolution a des effets sur la vie de chacun d'entre nous et F. G. le montre bien dans son
25 article. Les passages s'y rapportant saisissent le lecteur car chacun peut, en fait, reconnaître sa propre situation faite d'un sentiment d'insécurité, de cette angoisse de l'avenir qui frappe l'homme en tant qu'individu comme en tant que membre d'une collectivité et peut le pousser à avoir des réactions irréfléchies. En cela, je partage entièrement les idées de F. G.

Par contre, je ne peux pas approuver sa façon de juger l'Histoire. Il est évident que les
30 événements historiques ne se renouvellent pas. Mais nous ne devons pas pour autant les chasser loin de nous, les oublier. Nous n'avons pas à être prisonniers du quotidien, nous devons avoir une vue plus élevée des choses. Nous devons être à même d'analyser et d'interpréter le passé qui forme nos racines et en nous fixant des objectifs précis, de nous ouvrir des perspectives nouvelles d'avenir.

35 L'image que F. G. donne de notre situation pourrait inciter au pessimisme. Et cependant la journaliste elle-même nous invite à ne pas croire la partie perdue, et à avoir confiance dans la raison de l'homme et dans sa volonté de survie. Le lecteur peut sentir à quel point F. G. s'engage dans le combat. En prenant nettement position pour la solution de la solidarité entre les hommes, son but est de persuader ses lecteurs de la véracité Richtigkeit de ses vues. Je pense que cet
40 optimisme peut tout à fait devenir contagieux ansteckend et qu'il peut même constituer le point de départ d'un nouveau courant historique porteur d'espoir.

F. G. parvient à capter fesseln l'intérêt du lecteur avec un sujet qui n'était pourtant plus tellement d'actualité en 1974 et le fait qu'elle ait su aborder ce thème de l'Europe d'une manière aussi personnelle et de le présenter de façon aussi originale prouve les qualités journalistiques de celle qui
45 a longtemps dirigé L'EXPRESS.

II.

Zugrunde liegt folgender Originaltext:

20 L'ALBATROS

Souvent, pour s'amuser, les hommes d'équipage
Prennent des albatros, vastes oiseaux des mers,
Qui suivent, indolents compagnons de voyage,
Le navire glissant sur les gouffres amers.

A peine les ont-ils déposés sur les planches,
Que ces rois de l'azur, maladroits et honteux,
Laissent piteusement leurs grandes ailes blanches
Comme des avirons traîner à côté d'eux.

Ce voyageur ailé, comme il est gauche et veule!
Lui, naguère si beau, qu'il est comique et laid!
L'un agace son bec avec un brûle-gueule,
L'autre mime, en boîtant, l'infirme qui volait!

Le Poète est semblable au prince des nuées
Qui hante la tempête et se rit de l'archer;
Exilé sur le sol au milieu des huées,
Ses ailes de géant l'empêchent de marcher.

Charles Baudelaire (1821–1867)

Wortangaben

indolent: gleichgültig, uninteressiert
gouffre *m.*: Abgrund
piteusement: erbärmlich
aviron *m.*: Ruder
veule: schlaff, energielos
naguère: vor kurzem
agacer: ärgern, reizen
brûle-gueule *m.*: kurze Pfeife
boîter: hinken
infirme *m.*: Behinderter
nuées *f.*: Wolken
hanter: häufig aufsuchen
archer *m.*: Bogenschütze
huées *f.*: Hohngelächter

21 Résumé

Dans la première strophe du poème, Baudelaire parle d'une habitude des marins qui consiste, pour passer le temps à bord, à attraper des albatros.

Dans la strophe suivante, il décrit le contraste qu'il y a entre l'allure noble de ces oiseaux lorsqu'ils sont en vol et leur caractère pitoyable lorsqu'ils se retrouvent, gênés par leurs longues
5 ailes, posés sur le pont du navire.

Le poète décrit ensuite la joie maligne Schadenfreude des marins observant l'embarras Notlage des oiseaux. Ceux-ci privés de liberté, puisque privés de l'usage de leurs ailes, ne peuvent rien faire pour résister aux mauvaises plaisanteries des marins.

Enfin, dans la quatrième et dernière strophe, Baudelaire compare le poète à cet oiseau qui est
10 magnifique et tout-puissant lorsqu'il évolue dans les airs mais qui, sur terre, parmi les hommes, n'est plus qu'un prince déchu gestürzter, prisonnier, en butte à la risée dem Gespött ... ausgesetzt de tous.

22 Analyse

L'idée centrale développée par l'auteur dans son poème l'ALBATROS repose sur l'opposition entre l'univers du poète et celui du commun des mortels. Et pour mettre en évidence l'incompatibilité de ces deux mondes, il choisit l'image de l'albatros raillé verspotteten par les marins qui l'ont capturé dans un moment d'ennui.

L'oiseau symbolise le poète, son destin, celui du poète. Les points de comparaison sont nombreux. Tout comme l'oiseau, le poète est un prince, un prince de l'esprit, doué d'une imagination créatrice qui lui permet des élans de pensée hardis. Ce faisant, il s'élève comme l'oiseau loin au-dessus du monde des humains qui lui semble, étant donné la perspective, petit et soumis à bien des dangers. Baudelaire utilise l'image d'un navire qui glisserait au-dessus d'un abîme Abgrund.

Les hommes sont incapables de prendre le recul Distanz nécessaire pour accéder gelangen à la Connaissance. Aussi se sentent-ils à l'abri dans les limites de leur horizon borné. Leur comportement face au poète se caractérise par une incompréhension de son art et par de l'intolérance vis-à-vis de sa personne. Leur vague conscience de la supériorité artistique et intellectuelle du poète déclenche löst ... aus en eux des complexes d'infériorité et des sentiments agressifs. C'est ainsi qu'ils prennent plaisir à humilier le poète qui évolue sans aisance dans leur monde essentiellement tourné vers les choses matérielles.

Contraint de vivre dans ce monde hostile à sa conception de la vie et à l'expression de son art, le poète a l'impression d'être un étranger en exil dont les capacités s'étiolent verkümmern peu à peu, privé qu'il se sent de liberté, comme de la compréhension et de l'encouragement de ses semblables.

Mais le drame du poète réside dans le fait que comme l'oiseau il est lié, de par sa nature, à deux mondes en réalité antagonistes gegensätzlich; c'est ainsi qu'il se voit contraint de vivre constamment des situations d'extrême tension pouvant aller jusqu'au sentiment de déchirement innerer Zerrissenheit: il peut accéder au bonheur parfait et à la beauté suprême mais il connaît aussi le malheur et la laideur dans toute leur noirceur Gemeinheit. Aux envolées Höhenflug succèdent les chutes Absturz: voilà bien là «l'amère expérience» de sa vie.

Le poème se présente sous la forme d'une suite de 4 strophes de 4 vers chacune. Le vers lui-même est un alexandrin. Le schéma des rimes est le suivant: abab/cdcd/efef/gfgf. Les rimes sont alternativement féminines et masculines. Chaque strophe forme une unité syntaxique.

Le poème débute par une banale constatation: l'habitude qu'ont les marins de capturer des albatros. Il se poursuit par la description d'un exemple concret: celui d'un de ces oiseaux prisonnier des marins et Baudelaire nous ramène à la fin du poème à une considération d'ordre général sur la position du poète dans la société. Il y a là une sorte de mouvement de pendule, de va-et-vient. Ainsi, ce qui est exprimé dans la dernière strophe donne à ce qui précède un sens profond, un contenu symbolique.

En analysant la langue, on constate que là encore, le principe de base est celui du contraste. D'un côté, on trouve les termes «rois de l'azur», «voyageur ailé», «beau», de l'autre des mots comme «maladroits et honteux», «gauche et veule», «comique et laid». Le poète évoque par là des mondes diamétralement opposés. Baudelaire emploie des termes dont l'association surprend pour le moins: «gouffres amers», «exilé au milieu des huées».

En rapprochant des termes très éloignés les uns des autres tant sur le plan sémantique que sur celui du niveau de langue, et en mettant sur le même plan une image poétique comme celle de l'albatros avec le destin réel du poète, l'auteur crée une tension qui ne peut se dissiper lösen et une force qui ne peut se libérer.

Mais pour contraster avec cette tension interne de la langue, le poète utilise un vers régulier, plein d'harmonie et de musicalité qui donne une unité au déroulement du mouvement intérieur.

23 Commentaire personnel

Le poème L'ALBATROS de Baudelaire me plaît beaucoup. Les images riches de symboles et de force suggestive me fascinent. J'admire de surcroît darüber hinaus la clarté de la composition, l'harmonie des vers, en un mot la beauté de ce poème. A mon avis, ce poème représente une réussite sur le plan artistique, car Baudelaire parvient à faire une œuvre poétique achevée tant
5 sur le plan de la forme intérieure qu'extérieure, alors que le poème repose sur une expérience existentielle faite de déchirements Zerrissenheit.

Le thème du poète apatride heimatlos et mis au ban de la société garde aujourd'hui encore toute sa valeur principalement bien sûr lorsqu'on pense au destin des artistes poursuivis ou condamnés au silence dans les pays à régime totalitaire.

10 Inversement, l'abîme entre le poète et la société ne semble plus aussi profond ni aussi infranchissable unüberbrückbar dans un pays comme la France d'aujourd'hui, qu'à l'époque de Baudelaire. Nous vivons en effet aujourd'hui dans de tout autres conditions. Je m'explique : les bourgeois du XIXᵉ siècle, contemporains de Baudelaire, qui constituaient la classe porteuse de la culture de l'époque, avaient une conception de la vie complètement différente de celle que nous
15 en avons aujourd'hui. A cette époque, ils étaient nombreux à avoir connu un essor Aufschwung économique et une promotion Aufstieg sociale fantastiques qui avaient pour base les progrès de la science et de la technique. Ils avaient confiance en leur propre efficacité et regardaient l'avenir avec confiance. Ils étaient fondamentalement matérialistes et leur optimisme les rendaient aveugles aux conséquences secondaires négatives d'un développement qui engendra hervorbrachte
20 aussi de grandes injustices sociales et conduisit finalement aux deux guerres mondiales. Il n'est guère étonnant dans ces conditions que le poète qui souffrait des excès de cette civilisation de progrès et voulait avertir warnen ses semblables du danger qui les menaçait tous, leur soit apparu comme un être bizarre et étranger à leur milieu. Il n'est pas surprenant non plus qu'ils ne l'aient pas pris au sérieux et même qu'ils aient été tentés de le tourner carrément en dérision geradewegs zu
25 verspotten.

Contrastant avec cela, nous ne connaissons aujourd'hui non seulement aucun élan mais bien plutôt une crise mondiale de notre civilisation et plus précisément une crise dans le domaine de la technique qui a pour but la domination de la nature. De nos jours, les moyens techniques que l'homme avait créés à cette fin risquent de lui échapper et de se retourner contre lui. Les signes de
30 l'accroissement de cette menace zunehmender Bedrohung sont nombreux. Je pense, dans cet ordre d'idées, à l'arme atomique, à la crise énergétique, à la constante diminution de la qualité de la vie du fait de la pollution etc.

Personne n'est en mesure d'apporter de réponses immédiates aux questions qui se greffent là-dessus die sich daraus ergeben. Un sentiment d'incertitude et même d'angoisse s'empare de l'homme.
35 En revanche, chacun semble aujourd'hui à nouveau plus décidé à réfléchir sur le sens de sa vie et à prêter l'oreille à la voix du poète et d'une manière plus générale à prendre plus au sérieux le rôle de l'artiste dans la société. Ceci se manifeste dans l'écho que rencontrent, auprès des jeunes, des auteurs engagés et critiques tels que Sartre ou Böll.

Il est bien certain qu'il ne nous est pas possible à l'heure actuelle de renoncer à l'imagination dans
40 la quête de solutions à nos problèmes. C'est pourquoi nous devrions repenser la place de celle-ci
dans notre société, et le poème de Baudelaire peut y contribuer très concrètement, du fait de son
net engagement dans cette voie.

24 III. Biographie de Marcel Proust

Marcel Proust, fils de médecin, naît à Paris le 10 juillet 1871. Sa mère, Jeanne Weil, était la fille
d'un riche Israélite. Cette femme qui possédait de nombreuses qualités dont une très grande
intuition, saura reconnaître l'extrême sensibilité de son fils aîné et entourer son enfance d'une
tendre sollicitude Fürsorge. On peut donc clairement imaginer le rôle joué par cette mère. Mais le
5 portrait que Proust brossera de sa grand-mère maternelle permet aussi de constater la ferveur tiefe
Zuneigung que celui-ci portait à cette aïeule Großmutter.

L'enfance de Marcel se déroule de façon heureuse malgré sa santé fragile entre les études au lycée
Condorcet de Paris et les vacances passées dans le village d'Illiers. Ses prix au lycée et ses lettres
révèlent déjà les dons d'écriture du jeune homme.

10 Proust ne poursuit pas immédiatement ses études au-delà du baccalauréat, car il décide de
devancer l'appel sous les drapeaux den Wehrdienst vorzeitig abzuleisten. Mais il n'est guère heureux que
lorsqu'il peut revenir d'Orléans où il a été envoyé, à Paris où il retrouve ses amis.

Libéré de ses obligations militaires, Proust se remettra aux études et obtiendra sa licence ès-
lettres. A partir de cette époque, c'est-à-dire vers 1892, il passe ses étés sur la côte normande.
15 C'est l'époque aussi où Proust commence à publier des articles, des chroniques qui manifestent
maintenant clairement son talent d'écrivain.

A l'abri des soucis financiers ohne finanzielle Sorgen, Marcel Proust n'exerce pas de profession
véritable, mais il fait de nombreuses rencontres et même si l'on peut croire qu'il mène alors la vie
d'un dilettante eines oberflächlichen Menschen, en fait, toute son œuvre est déjà en germe im Keim
20 vorhanden à cette époque. Proust, en effet, observe, prend des notes, analyse.

Ses amis ont pour nom Reynaldo Hahn, Madeleine Lemaire, Robert de Montesquiou, Madame
de Chevigné etc.

En 1900, Marcel Proust se rend à Venise. Là-bas, il se consacre à l'esthétique Kunst.

En 1903, survient le décès Tod de son père, suivi dès 1905 de celui de sa mère. Ces deuils Trauerfälle
25 marquent évidemment une étape importante dans la vie de Marcel Proust.

C'est en 1913 qu'est publié son roman «Du côté de chez Swann». Proust est déjà malade, mais il
tient à mener son œuvre à bonne fin. La guerre ayant éclaté, il ne peut être édité, mais il n'en écrit
pas moins avec acharnement Versessenheit.

«A l'ombre des jeunes filles en fleurs» se voit décerner en 1919 le Prix Goncourt.

30 Alors que ses forces déclinent, Marcel Proust travaille néanmoins avec une volonté farouche
unbeugsamen Willen, remodelant, rajoutant sans cesse tel ou tel élément à ce qui s'appellera: «Le
Côté de Guermantes», «Sodome et Gomorrhe» etc. Mais Marcel Proust s'éteint le 18 novembre
1922, laissant dans ses œuvres une galerie de portraits dont l'incroyable présence rappelle ceux de
«La Comédie Humaine» de Balzac dont Proust était un fervent admirateur.

IV. Portrait

Michel est un grand gaillard, bien découplé großer, gutgebauter, junger Mann, à l'allure dégagée. Sa démarche élastique, – il semble toujours à peine effleurer le sol kaum den Boden zu berühren –, sa grande taille et ses épaules relativement larges contrastent un peu avec un visage allongé et quelque peu anguleux kantigen, prolongé par un cou, lui aussi, assez frêle schlank.

L'allure générale est sportive, même si le teint assez pâle laisse à penser que Michel passe plus d'heures penché sur des documents qu'à évoluer dans la nature.

Une imposante chevelure châtain clair dont une longue mèche Haarsträhne retombe inlassablement sur son front large et légèrement bombé, couronne une tête au port altier den er hochmütig trägt.

Dans ce visage encore juvénile où rien ne surprend au premier abord, tant les traits sont réguliers, sans être banals ou fades pour autant, on remarque néanmoins très vite que le regard joue un rôle tout à fait particulier. Il suffit en effet qu'on adresse la parole à Michel pour que ses yeux tout à coup pétillants de malice schelmisch funkelnden, illuminent aussitôt ses traits et reflètent immédiatement tous les sentiments qui l'habitent. Ceci dit, quelle que soit la nuance qu'il y décèle, l'observateur ressent immanquablement aussi une sorte de sentiment d'intimidation, la preuve sans doute que ce regard ne se contente pas d'observer mais qu'il juge également son interlocuteur.

Jamais il ne passe inaperçu et même s'il ne cherche pas expressément à plaire, il est conscient de ne laisser personne indifférent.

Bien que jeune encore, il s'exprime la plupart du temps avec une certaine autorité, d'une voix qu'il a grave et bien timbrée et sur un ton toujours posé.

Même si conscient des atouts dont la Nature l'a doté, il a parfois la tentation d'en jouer, il sait presque toujours demeurer lucide et garder la tête froide.

Son sourire, mieux que son rire, témoigne de son tempérament chaleureux et spontané. Il suffit par ailleurs de l'écouter quelques instants pour comprendre qu'une certaine ambition l'habite von ... besessen ist, mais on note aussi qu'étant ouvert à beaucoup de domaines, il a parfois de la peine à opérer des choix eine Wahl zu treffen.

Généreux et idéaliste, il fait preuve d'un enthousiasme qui est bien le propre de la jeunesse. En contre-partie, il a aussi, comme tout un chacun, ses contradictions.

En tout état de cause, Michel se fixe des objectifs à la hauteur de ses ambitions et sa détermination, confinant parfois à l'obstination die ... an Dickköpfigkeit grenzt, le guide inexorablement unweigerlich vers le but recherché.

Bien que très sociable, il apprécie aussi les moments de solitude, où, écoutant par exemple du blues dont il raffole über alles liebt, il dévore des romans policiers. Cela le détend du stress auquel il est soumis comme quiconque et auquel pourtant on pourrait croire qu'il sait échapper, tant tout chez lui inspire le calme et l'harmonie intérieure.

Quant à savoir si cette sérénité Gelassenheit est simplement apparente ou le reflet authentique d'une certaine confiance en soi, voire même d'une conscience aiguë de sa valeur eines starken Selbstbewußtseins, voilà une question à laquelle il est évidemment bien difficile de répondre.

Ce qui est sûr toutefois, c'est que ce jeune homme possède une personnalité attachante anziehende que le temps et l'expérience viendront encore, à n'en pas douter, enrichir.

WORTSCHATZ

I. Allgemeine Wortfelder

Anschneiden, behandeln

26 **1. aborder** *anschneiden, zur Sprache bringen*
Les experts ont également abordé le problème de l'augmentation de la toxicomanie Drogensucht.
Cette question aborde le fond Kern du problème.

2. toucher à qc. *etw. anschneiden, zur Sprache bringen, an etw. rühren*
Cette question touche au problème de la surpopulation.
Les théories de ce scientifique touchent à plus d'un tabou de notre société.

3. évoquer *anschneiden, zur Sprache bringen*
L'un des participants a évoqué le sujet de la criminalité chez les jeunes.
Je ne sais pas si la question des salaires sera évoquée aujourd'hui ou pas.

4. soulever *aufgreifen, aufwerfen*
La question que vous soulevez là, me paraît très intéressante.
Ionesco ne présente aucune solution aux problèmes qu'il soulève dans ses pièces.

5. traiter qc., de qc. *etw. behandeln, abhandeln, zum Thema haben*
Je vais tenter de traiter toutes les questions que vous avez soulevées.
Cet ouvrage traite des relations franco-allemandes depuis 1945.
L'éditorial traite des tensions qui règnent actuellement entre l'Est et l'Ouest.

6. avoir pour thème, pour sujet *zum Gegenstand, zum Thema haben*
Ce film avait pour thème (sujet) les possibilités de survie à la suite d'une guerre nucléaire.

7. attaquer qc. *anfangen, an etw. herangehen*
Le conférencier a attaqué son exposé en resituant les faits dans leur contexte historique.

8. s'attaquer à qc. *etw. in Angriff nehmen*
Au cours de sa dernière séance, le conseil municipal s'est attaqué à la question du projet de construction d'une voie rapide.

Erwähnen, erzählen, informieren

27 **1. mentionner** *erwähnen, anführen*
Il n'a pas mentionné cet incident dans son rapport.

2. signaler *hinweisen, erwähnen*
Je vous signale que le bateau fera escale anlegen wird deux jours à Madère.

3. parler de qn., de qc. *von jm., etw. erzählen, über jn., etw. sprechen*

Au cours de sa dernière interview à la télévision, Liv Ullmann a parlé de sa rencontre avec les enfants du Tiers-Monde.
Marcel Pagnol parle des Méridionaux Südfranzosen avec beaucoup d'humour.
On a peu parlé dans les journaux de cet événement.

4. raconter qc. à qn. *jm. etw. erzählen*

Je vous raconte cet épisode parce que je le considère comme très révélateur de sa façon de penser.
Christiane Rochefort raconte dans son livre «Les enfants du siècle» l'histoire d'une jeune fille qui grandit dans l'une de ces cités anonymes de la banlieue parisienne.

5. informer qn. sur qc. *jn. über etw. informieren*

Cet article informe le lecteur sur les problèmes posés par la télévision commerciale.
La compagnie informe les passagers que le départ est retardé d'une heure.

6. apprendre qc. à qn. *jm. etw. mitteilen*

On m'a appris qu'ils avaient l'intention de déménager.

7. instruire qn. de qc. *jn. über etw. informieren, in Kenntnis setzen*

Monsieur Morin m'a instruit des véritables dessous Hintergründe de cette affaire.

8. laisser entendre qc. *etw. zu verstehen geben*

Il a laissé entendre dans son discours qu'il ne reposerait pas sa candidature l'an prochain.
Dans sa lettre, elle laissait entendre qu'elle allait se marier.

Darstellen, beschreiben, schildern

28 **1. présenter** *darstellen*

Au début de son roman «La Peste», Camus présente Oran comme une ville tout à fait comme les autres.

2. évoquer *darstellen, eine Vorstellung von etw. geben*

Les événements qu'il évoque dans ce passage de son journal remontent à 1943.
Sartre évoque dans «Les Mots» son enfance dans la maison grand-paternelle großväterlichen.

3. faire passer des idées *Gedanken verständlich darstellen, vortragen*

Je me souviens de mon professeur de philosophie et de son habilité à faire passer ses idées.

4. décrire *beschreiben*

Balzac décrit toujours avec minutie les conditions matérielles et sociales dans lesquelles évoluent sich bewegen ses personnages.

5. dépeindre *schildern, beschreiben*
Proust s'entend à dépeindre les différents aspects d'un caractère sans donner pour autant deshalb au lecteur l'impression de connaître exactement cette personne.
Balzac dépeint dans son œuvre romanesque «La Comédie Humaine» la vie de la société française au cours de la première moitié du XIXe siècle.

6. brosser un tableau *ein Bild malen, entwerfen*
Il n'y a aucune raison de brosser un tableau aussi sombre de l'avenir.

7. donner une image, une idée *eine Vorstellung geben*
Ce prospectus donne de la Normandie l'image d'une région attrayante.
Ce rapport donne une idée exacte des difficultés de l'aéronautique Flugzeugindustrie européenne.
Le roman de Grimmelshausen «Simplicissimus» donne une image assez fidèle des conditions de vie en Allemagne pendant la guerre de Trente ans.

8. donner (trouver) une peinture, une description *eine Darstellung, Beschreibung geben (finden)*
On trouve dans le journal de Samuel Pepys [pi:ps] une peinture très réaliste de la peste et du grand incendie qui ravagea Londres en 1665/66.

9. faire (brosser, tracer, évoquer, esquisser) le portrait (physique et moral) *eine Person charakterisieren*
Maupassant fait dans ses contes le portrait de paysans et de petits bourgeois normands.
Chaque portrait brossé par La Bruyère dans ses «Caractères» représente un élément de la société française de la fin du XVIIe siècle.

Nachzeichnen, nachvollziehen

29 **1. retracer** *nachzeichnen, vergegenwärtigen*
Il lui a été difficile de retracer, au bout de si longues années, les événements de cette journée.

2. reconstituer *nachzeichnen, nachvollziehen*
Le commissaire réussit à reconstituer le fil Verlauf des événements qui avaient précédé le crime.

3. suivre *nachvollziehen*
Il est difficile de suivre le déroulement de l'action dans les romans de Proust.

Zum Ausdruck bringen, kommen; erscheinen; sich herausstellen

30 **1. manifester** *zum Ausdruck bringen; zeigen*
Il a toujours manifesté une grande indulgence Nachsicht pour ses enfants.

---

2. se manifester *sich zeigen, in Erscheinung treten*
Cette réaction se manifeste essentiellement chez lui quand il se trouve dans une situation de stress.
Les premiers signes de dépression Flaute économique se manifestent depuis quelques années déjà.
Dans les années soixante, il se manifestait en Europe un sentiment d'insouciante joie de vivre.

---

3. montrer *zeigen*
Cette photo montre des vignerons bourguignons Winzer in Burgund pendant la récolte aux environs de Beaune.
En prenant cette décision, le gouvernement montra qu'il était capable, à l'occasion, de faire passer des mesures impopulaires gelegentlich ... durchzusetzen.

---

4. se montrer *sich zeigen, sich erweisen* (nur in bezug auf Personen)
Il se montre intarissable unerschöpflich sur ce sujet.
Il ne s'est pas montré sous son meilleur jour von seiner besten Seite.

---

5. exprimer *ausdrücken, äußern*
De nombreuses personnes sont incapables d'exprimer leurs sentiments.

---

6. s'exprimer, se prononcer *sich ausdrücken, sich äußern*
Je préférerais ne pas m'exprimer (me prononcer) sur cette question.

---

7. traduire *zum Ausdruck bringen; äußern*
La mise en place Aufstellung d'une force nucléaire traduisait bien la volonté farouche eisernen Willen du général de Gaulle d'assurer l'indépendance nationale de la France.
Picasso réussit à traduire ses visions artistiques en utilisant les moyens graphiques les plus simples.
Ses paroles traduisaient la douleur que tout le monde éprouvait à cet instant.

---

8. se traduire *zum Ausdruck kommen, sich äußern*
Cette prise de conscience Bewußtwerden der Lage se traduit concrètement par un changement total d'attitude.
La joie de vivre de ce peuple se traduit par le port de im Tragen von vêtements gais et multicolores.
Son insatisfaction se traduit par un agacement Gereiztheit perpétuel vis-à-vis de ses semblables.

---

31 **9. trouver son expression** *zum Ausdruck kommen*
Les joies et les craintes de l'être humain trouvent leur expression dans les rêves.

---

10. représenter *darstellen*
Ce tableau représente un village alsacien.
Le tracé de la frontière Grenzverlauf sur l'Elbe représente un sujet de plus de friction Streitpunkt entre la République Fédérale et l'Allemagne de l'Est.

11. révéler *enthüllen*
Ce tableau révèle les rapports troublés das gestörte Verhältnis du peintre avec le monde qui l'entoure.

12. se révéler *sich zeigen, sich erweisen*
Le journal intime Tagebuch de Hitler publié par le magazine «Stern» s'est révélé être un faux Fälschung.
Cette idée s'est révélée géniale.
Ses craintes se sont révélées non fondées.

13. refléter *widerspiegeln*
Le rapport annuel de l'UNESCO reflète bien la misère qui règne dans certains pays du Tiers-Monde.
Toutes les cultures reflètent le système de valeurs des peuples qui sont à leur origine die sie hervorgebracht haben.

14. faire preuve de qc. *etw. zeigen* (in bezug auf Personen)
Il a toujours fait preuve d'esprit critique.
Il a fait preuve d'une totale inconscience Leichtfertigkeit en agissant de la sorte.

15. témoigner de qc. *etw. zeigen, bezeugen*
Ce livre témoigne du grand amour de l'auteur pour son Alsace natale.
La lettre que Fénelon adressa à Louis XIV et dans laquelle il fustigeait tadelte le mauvais fonctionnement de la vie sociale en France, témoignait d'un grand courage et d'un sens réel de ses responsabilités.

16. attester de qc. *etw. bezeugen, beweisen, bestätigen*
Ses paroles attestent d'une attitude anti-européenne.
La découverte d'objets romains au fond de la Saône près de Chalon, atteste de la présence d'un important port fluvial Binnenhafen à l'époque romaine.

17. trahir *verraten*
Le comportement de cette personne trahit les contradictions de son caractère.
Sa façon de se vêtir trahit son mauvais goût.
Seul un léger tremblement de ses mains trahissait son émotion.

18. apparaître *erscheinen, vorkommen*
Les personnages qui apparaissent dans ce roman, appartiennent tous à la bourgeoisie.
La préretraite Vorruhestand à 58 ans apparaît à beaucoup aujourd'hui comme une possibilité de résorption Beseitigung du chômage.
Ses malaises Beschwerden apparurent pour la première fois à l'âge de 14 ans.

19. laisser (faire) apparaître *sichtbar machen, erkennen lassen*
Les interminables endlos langen et infructueuses ergebnislosen négociations entre l'Est et l'Ouest sur le désarmement laissent apparaître l'incapacité des Américains et des Russes à parvenir à un compromis sur cette question.
Les résultats du récent scrutin Wahl ont fait apparaître un taux d'abstention élevé hohen Prozentsatz von Stimmenthaltungen.
Le grand nombre de faillites Konkursen de petites et moyennes entreprises laisse apparaître à quel point la situation économique est actuellement difficile.

20. figurer *vorkommen, erscheinen*
Les événements qui figurent dans ce texte datent de 1930.

---

21. s'avérer *sich erweisen, sich herausstellen*
Il s'avéra qu'il avait dit la vérité.
Les examens se sont avérés longs et difficiles.
Le traité de Versailles s'avéra incapable d'assurer la paix en Europe.

---

22. se faire jour *sich zeigen*
Ses dons Begabung pour la musique se firent jour très tôt.
Avec la bombe atomique se fait jour pour l'Amérique la possibilité d'achever très rapidement la guerre avec le Japon.

---

23. constituer *darstellen, ausmachen*
Le compromis constitue certainement l'arme maîtresse du jeu politique.
Les bâtiments de ce couvent constituent un ensemble architectural particulièrement impressionnant.

Analysieren, untersuchen, unterscheiden, erkennen

33

1. analyser *analysieren*
Freud avait développé une méthode pour analyser les rêves de ses patients.
On possède maintenant les résultats du sondage Umfrage et il va falloir les analyser.
Nous avons enregistré auf Band aufgenommen son discours pour pouvoir l'analyser en toute sérénité in aller Ruhe.

---

2. dégager *herausstellen, herausarbeiten*
L'orateur a su dégager les grandes lignes de la nouvelle politique commerciale.
Le metteur en scène s'est attaché hat sich bemüht à dégager les aspects modernes de la pièce.

---

3. examiner *prüfen, untersuchen*
Un comité a été créé qui est chargé d'examiner les causes de la mort de la forêt.

---

4. étudier *prüfen, untersuchen, vorbereiten*
Le gouvernement étudie en ce moment une réforme fiscale qui devrait principalement alléger les impôts des familles nombreuses kinderreichen Familien Steuerentlastung bringen soll.

---

5. distinguer *unterscheiden*
On peut distinguer nettement trois phases dans son évolution artistique.
On distingue dans la composition du drame classique les parties suivantes: l'exposition, le conflit, le dénouement Auflösung.

---

6. discerner *unterscheiden, erkennen*
On ne pouvait discerner sur son visage le moindre signe de surprise ou de joie.
Ce journal passe pour libéral; on y discerne néanmoins souvent des tendances nettement conservatrices.

7. faire une distinction   *unterscheiden, eine Unterscheidung machen*
Pascal fait une distinction entre les motifs de la raison et ceux du cœur.

8. différencier qc. de qc.   *etw. von etw., zwischen etw. unterscheiden;*
     differenzieren
Les enfants ont souvent de la peine à différencier le monde de l'imaginaire de celui de la réalité.

9. reconnaître   *erkennen*
Dans la cathédrale de Strasbourg qui est une construction gothique, on peut reconnaître des parties de l'édifice Bauteile qui datent de l'époque romane.

10. découvrir   *entdecken, erkennen*
Pour pouvoir soigner une maladie, il faut en découvrir les causes.

11. cerner   *klar erkennen, erfassen*
Il n'est pas facile de cerner la personnalité d'Hélène dans la pièce de Giraudoux «La guerre de Troie n'aura pas lieu».

Erklären, entwickeln

34 **1. expliquer**   *erklären*
Je ne saurais t'expliquer pourquoi j'éprouve envers cette personne une telle antipathie.

2. s'expliquer   *sich erklären*
Nous n'avons pas réussi à nous expliquer son brusque changement d'attitude.
Je n'ai pas pu m'expliquer son comportement qui a d'ailleurs surpris tout le monde.

3. préciser   *genauer angeben, genauer formulieren*
Vous serait-il possible de préciser votre pensée?
Il reste encore certains points à préciser.

4. définir   *definieren*
Avant d'accepter l'emploi qui lui était offert, il a demandé qu'on lui définisse avec précision l'étendue Umfang de ses fonctions.
Il avait de la peine à définir les sentiments qu'il éprouvait pour elle.

5. interpréter   *interpretieren, auslegen, erklären*
Aujourd'hui, je comprends bien sa décision; à l'époque, je n'avais pas su l'interpréter.
Les archéologues ne sont toujours pas d'accord sur la façon d'interpréter ces découvertes.
L'auteur de cet article interprète les derniers événements politiques de façon très subjective.

6. exposer   *darlegen, erklären*
Tu as certes des idées originales, mais tu ne sais pas les exposer clairement.
Sa force réside dans besteht in sa capacité à exposer des faits de façon brève et précise.

7. éclairer *verständlich machen, klarlegen*
Son analyse m'a paru très intéressante parce qu'elle éclaire tout un contexte que je n'avais pas discerné jusque-là.

8. clarifier *klären, aufhellen*
De telles remarques ne concourent guère tragen kaum dazu bei à clarifier la situation.

9. développer *entwickeln, ausführen*
Le patron développera devant ses collaborateurs son plan de réorganisation de l'entreprise.
Ce philosophe a le don de développer clairement ses idées et de les rendre accessibles verständlich au grand public.
Nous allons devoir développer une stratégie en vue de la sauvegarde de la forêt.

10. ordonner *ordnen*
Avant de se lancer dans la rédaction d'une dissertation einen Aufsatz zu schreiben beginnt, il est évident qu'il faut ordonner ses idées.

11. s'ordonner (tourner) autour de qc. *um etw. kreisen*
Toutes ses idées s'ordonnent (tournent) autour du thème de la mort.

12. élucider *aufklären, erklären*
Ce meurtre n'a jamais été élucidé.
Pourriez-vous élucider le fond de votre pensée was Sie eigentlich meinen?

Adjektive[1]

35 **1. typique de** *typisch für*
Ceci est tout à fait typique de sa mentalité.
Cet engouement Begeisterung pour tout ce qui est nouveau, est tout à fait typique de son caractère.
Ses phrases courtes et claires sont typiques de son goût de la concision Prägnanz et de la précision.

2. caractéristique de *charakteristisch für*
Cet éditorial Leitartikel est caractéristique de la position politique de ce journal.
Son comportement est caractéristique de son manque de volonté à coopérer.

3. représentatif de *repräsentativ für*
Cette sculpture est assez représentative des dernières œuvres de cet artiste.
Il conteste que le résultat du sondage Umfrage soit représentatif de l'opinion de la population.

---

[1] Diese Adjektive dienen dazu, eine bestimmte Erscheinung als Ausdruck eines Charakters, einer Epoche, eines Zustandes zu interpretieren.

4. significatif de   *kennzeichnend für*
Cette tactique est significative de son incapacité à prendre des décisions.
Ces changements d'humeur Stimmungswechsel sont significatifs de son instabilité Unausgeglichenheit.

5. symptomatique de   *symptomatisch für*
L'absence de résultats de la dernière rencontre au sommet est symptomatique de la situation de la Communauté Européenne.
La faible participation électorale est symptomatique de la lassitude Wahlmüdigkeit des citoyens dans ce pays.

6. (être) évocateur de   *bezeichnend (verbal: vergegenwärtigen, vor Augen führen)*
Les images que présente le poème «Vitrail» sont très évocatrices du luxe dans lequel vivait la noblesse du Moyen-Age.
J'aimerais, dans ce contexte, citer deux cas qui me semblent évocateurs: celui de St.-Exupéry et celui de Cocteau.

Zusammenfassen

36   **1. résumer**   *zusammenfassen*
On peut résumer les résultats de la discussion en trois points.

2. donner une vue d'ensemble   *eine Gesamtübersicht geben*
Cet ouvrage vous donnera une vue d'ensemble des problèmes de restructuration dans le Nord de la France.

3. faire un tour d'horizon   *einen Überblick geben, sich einen Überblick verschaffen, ein Thema abstecken*
Les congressistes Tagungsteilnehmer firent un rapide tour d'horizon des principales questions avant de traiter chacune d'elles plus à fond.

4. se résumer à   *sich zusammenfassen lassen, sich darauf konzentrieren*
La politique de de Gaulle se résumait à renforcer l'indépendance de la France et à augmenter son prestige.

5. se ramener à   *sich zusammenfassen lassen, auf etw. (eine Formel) bringen lassen*
Ses responsabilités se ramènent finalement à très peu de chose.
Son point de vue peut se ramener à cette formule: moi d'abord, les autres ensuite.
La conception de la poésie chez les Parnassiens peut se ramener à la formule suivante: l'art pour l'art.

Ausdrücke

37 **1. bref** *kurz und gut, mit einem Wort*

Nous sommes allés à Strasbourg, nous avons fait le tour de la ville, nous avons visité la cathédrale, fait les magasins, consommé etw. getrunken à la terrasse d'un café, bref, nous avons passé une merveilleuse journée.

2. dans l'ensemble *im großen und ganzen, alles in allem*

Je ne suis pas d'accord avec tous les détails de ce projet, mais dans l'ensemble je le trouve tout de même bon.

3. en somme, somme toute *alles in allem, kurz gesagt*

Elle est belle, riche et intelligente; en somme, c'est la femme idéale.
Nous n'avions, en somme (somme toute), rien à perdre en tentant cette expérience.

4. en définitive *endgültig, abschließend*

Ils prétendent que les animaux sont morts parce qu'ils avaient mangé de l'herbe empoisonnée par des produits chimiques. Mais on ne pourra, en définitive, se prononcer qu'une fois wenn les examens achevés.
Je crois, en définitive, que vous avez raison.

Bestehen aus, enthalten, sich einteilen lassen

38 **1. se composer** *aus etw. bestehen, sich zusammensetzen*

Ce roman se compose de douze chapitres.
Le contrat se compose de plusieurs paragraphes.
L'Alsace se compose de deux départements: celui du Haut-Rhin et celui du Bas-Rhin.

2. comprendre *umfassen*

La Grande-Bretagne comprend l'Angleterre, l'Ecosse, le Pays de Galles Wales.

3. inclure *einschließen, umfassen*

Notre programme inclut la visite de musées et de différentes zones industrielles, des soirées au théâtre et des excursions aux environs de Paris.

4. contenir *enthalten*

Cet article ne contient rien que nous ne connaissions déjà.
Le poème «Vitrail» de José-Maria de Hérédia contient implicitement la théorie poétique Dichtungslehre du Parnasse.
Les mémoires de ce chef d'Etat contiennent de nombreux détails apportant un éclairage nouveau sur l'époque où il gouvernait.

5. se diviser *sich einteilen lassen*

Sur le plan administratif, le territoire français se divise en régions, départements, arrondissements, cantons et communes.

6. se répartir en qc.   *sich in etw. aufteilen*
Un sonnet se compose de quatorze vers, eux-mêmes répartis en quatre strophes dont deux comptent quatre vers et les deux autres seulement trois vers chacune.

7. englober   *umfassen, einschließen*
Cette question englobe bien des aspects.
Il ne s'agit pas de vouloir tout englober sous le terme de «modernisme».

Die Wendung «darin bestehen»

39

1. consister à faire qc.   *darin bestehen, etw. zu tun*
La difficulté consiste à en minimiser autant que possible les effets secondaires die Nebenwirkungen so gering wie möglich zu halten.
Le jeu du «petit bac» consiste à trouver un maximum de mots commençant par une lettre donnée et répondant à certains critères.

2. consister en, dans le fait que[1]   *darin bestehen*
Le problème consiste en ceci (dans le fait) que les jeunes sont maintenant majeurs à 18 ans mais dans la plupart des cas encore financièrement dépendants de leurs parents.

3. être de + inf.   *darin bestehen*
La tactique de ce gouvernement, c'est de placer l'opinion publique devant le fait accompli die Öffentlichkeit vor vollendete Tatsachen zu stellen.
La mission de l'art classique est de fournir (donner) aux hommes une image idéalisée de la réalité.

4. être que + subordonnée   *darin bestehen*
Le problème, c'est que le Japon ne dispose d'aucunes ressources naturelles.

5. résider dans, dans le fait que[1]   *darin bestehen*
La surprise des dernières élections au Parlement Européen a résidé dans la forte poussée unerwartet starken Zunahme de l'extrême droite.
La différence réside dans le fait que les minorités nationales s'affirment beaucoup plus qu'autrefois et sont prêtes à lutter pour leurs droits.
Le problème réside dans le fait que l'Allemagne, la France, l'Italie etc. placent toujours leurs intérêts nationaux au-dessus des intérêts européens.

---

[1] Beachte hier den Gebrauch von *le fait que*. Als Strukturwort dient *le fait que* dazu, einen Gliedsatz an Verben anzuschließen, die normalerweise nur ein Substantiv bei sich haben. *Le fait* hat seine inhaltliche Bedeutung verloren und bleibt oft unübersetzt.
  Ex.: Je suis d'accord sur **le fait que** cette voiture a une mauvaise tenue de route. (Ich gebe zu, daß dieses ...)
      Il faut tenir compte **du fait que** le français n'est pas sa langue maternelle. (Man muß berücksichtigen, daß ...)
      J'ai insisté sur **le fait que** c'était la troisième fois que cet appareil tombait en panne. (Ich habe nachdrücklich darauf hingewiesen, daß ...)

Diskutieren, anführen, beweisen

40 **1. discuter de qc.**　　　　　　　　*über etw. diskutieren*
De quoi discutez-vous?
Nous avons discuté de ce problème pendant deux heures sans parvenir à un résultat.

2. avancer　　　　　　　　*anführen, vorbringen*
Les arguments qu'il avance sont peu convaincants.
Ce que tu avances là, ne repose que sur de simples suppositions Vermutungen.

3. prouver　　　　　　　　*beweisen*
Je pourrais te prouver par a+b [aplysbe] ganz klar que tu te trompes sur le compte de in bezug auf Stéphane.

4. démontrer　　　　　　　　*beweisen*
Que voulez-vous démontrer par là?
Il reste à démontrer que ce procédé sera plus économique que le précédent.
Je suis tout à fait prêt à vous démontrer le contraire.

5. apporter la preuve　　　　　　　　*den Beweis liefern*
Il devra bien apporter des preuves de ses accusations devant le tribunal.
Des hommes comme Sacharow et Oppenheimer apportent la preuve qu'aujourd'hui, même les hommes scientifiques ne peuvent plus rester politiquement neutres.

6. justifier　　　　　　　　*begründen*
Il a essayé de justifier son attitude en évoquant son enfance difficile.

7. fonder　　　　　　　　*begründen*
Sur quoi fondez-vous de tels propos?

Überreden, überzeugen, weismachen

41 **1. persuader qn. de faire qc.**　　　　　　　　*jn. überreden, etw. zu tun*
Malgré tous nos efforts, nous n'avons pas réussi à le persuader de faire ce voyage avec nous.
Ils n'ont guère eu de mal à le persuader de poser sa candidature aux élections municipales.

2. persuader qn. de qc.　　　　　　　　*überzeugen*
Tu veux acheter ce bateau, d'accord. Mais tu n'arriveras tout de même pas à me persuader de la nécessité d'un tel achat.
C'est ton point de vue; c'est une affaire entendue. Mais tu n'es pas arrivé à me persuader de sa justesse.

3. convaincre　　　　　　　　*überzeugen*
Tes arguments ne m'ont pas convaincu.
Elle a réussi à me convaincre de l'opportunité Zweckmäßigkeit de sa décision.

4. faire changer d'avis à qn.   *jn. umstimmen*
Malgré tous nos efforts, nous n'avons pas réussi à le (lui) faire changer d'avis.
Il a écouté nos arguments mais cela ne l'a (lui a) pas fait changer d'avis.

5. faire croire qc. à qn.   *jm. etw. weismachen*
Tu ne vas tout de même pas me faire croire que tu n'en savais rien.
Tu n'arriveras pas à me faire croire ça.

Annehmen, ablehnen

42   **1. accepter**   *annehmen*
Dans ces conditions, je ne peux pas accepter votre offre.
Je suis prêt à accepter toutes les propositions qui me seront faites.

2. refuser   *ablehnen*
Le rédacteur en chef refusa de publier un récit trop cru eine allzu ungeschminkte Darstellung des événements.

3. repousser   *zurückweisen*
Le conseil d'administration Vorstand repoussa après un examen approfondi le projet d'installation d'une entreprise aux Etats-Unis.
Sa demande de dispense de service militaire pour des raisons de conscience a été repoussée.

4. rejeter   *ablehnen, verwerfen, zurückweisen*
Le conseil municipal a longuement débattu du projet de construction d'un nouveau théâtre mais a fini par rejeter ledit projet.
Sa demande de bourse d'études Stipendium a été rejetée.

Billigen, mißbilligen

43   **1. approuver**   *billigen*
Je ne peux pas approuver ton comportement.
Il n'approuva cette proposition qu'en émettant de sérieuses réserves.

2. désapprouver   *mißbilligen, tadeln*
Je ne saurais désapprouver cette prise de position.
Il m'a trop longtemps désapprouvé pour que je ne m'étonne pas aujourd'hui de son soutien.

3. reprocher   *vorwerfen*
Elle lui reprocha de n'avoir pas dit toute la vérité.
On peut lui reprocher son goût du gaspillage Verschwendungssucht.
Son chef lui reproche son manque de ponctualité.

Übereinstimmen, übereinkommen

44 1. **être d'accord avec qn. sur qc.** *mit jm. in etw. übereinstimmen; zustimmen*
Le gouvernement et l'opposition sont d'accord sur les grandes lignes de la politique menée avec l'Est mais pas sur les points de détail.
Les membres du conseil d'expertise Sachverständigenrates ne sont pas d'accord sur l'appréciation Beurteilung à donner de la situation économique.
Je suis bien d'accord avec vous sur le fait que nous aurions dû procéder autrement.

2. **tomber d'accord sur qc.,** *übereinkommen, etw. zu tun; sich über etw. einigen*
   sur le fait que[1]
Les membres du conseil d'administration Vorstands tombèrent d'accord sur le fait que l'on devait d'abord assurer le financement du projet.

3. **s'accorder pour (à) dire** *übereinstimmen, der selben Meinung sein*
Les commentateurs s'accordent pour (à) dire que les buts recherchés verfolgten Ziele par l'extrême droite sont en opposition avec la Constitution.
Tout le monde s'accorde pour (à) dire que la pollution est un véritable fléau Plage qu'il faut combattre avec vigueur kräftig bekämpfen muß.

Eine Meinung haben, vertreten, ändern

45 1. **avoir une opinion (une idée) sur,** *eine Meinung haben über*
   au sujet de
Je n'ai aucune opinion à ce sujet.
Cet homme a sur tous les sujets des idées toutes faites eine vorgefaßte Meinung.

2. **être d'avis que, de faire qc.** *der Meinung sein, daß*
Je suis d'avis que, dans le cas présent, tu t'es mal comporté.
Ils sont d'avis de reprendre les conversations dès le début de la semaine prochaine.

3. **trouver** *finden, der Meinung sein*
Je trouve que nous ne devrions pas accepter cette offre.

4. **c'est mon (ton etc.) avis** *das ist meine (deine usw.) Meinung*
Est-ce que c'est sérieusement ton avis?

5. **donner son avis (son opinion)** *seine Meinung sagen*
Il n'hésite absolument pas à donner son avis.

6. **avoir (trouver) qc. à dire** *etw. zu sagen haben*
Est-ce que c'est tout ce que tu trouves à dire?

7. **(ne pas) être du même avis** *(nicht) der gleichen Meinung sein*
Ils n'étaient pas toujours du même avis; pourtant, ils s'entendaient très bien.

---

[1] Sh. Anmerkung S. 33

46 **8. (ne pas) partager l'opinion**   *js. Meinung (nicht) teilen*
    (l'avis, les vues) de qn.
Bien que je l'estime beaucoup en tant qu'individu, je ne partage pas ses vues politiques.
Je savais qu'il partageait secrètement mon avis, mais ne voulait pas l'avouer par orgueil Stolz.
Es-tu incapable d'accepter un avis que tu ne partages pas?

9. être d'un avis différent,   *anderer Meinung sein*
    opposé, contraire
Je ne comprends pas pourquoi tu es tout d'un coup d'un avis différent.
Son anticonformisme va si loin qu'il est, par principe, d'un avis différent (opposé).

10. être d'un autre avis   *anderer Meinung sein*
Il a eu le courage de dire qu'il était d'un autre avis (d'un avis contraire, différent).

11. se faire une opinion, une idée   *sich eine Meinung bilden, eine Vorstellung machen*
J'ai besoin, pour me faire une opinion (une idée), d'autres renseignements que ceux-ci.
J'aimerais bien me faire moi-même une opinion (une idée) là-dessus.
Il est plus facile d'adopter une idée préconçue vorgefaßte Meinung que de chercher à se faire une opinion personnelle.

12. changer d'avis, d'idée, d'opinion   *seine Meinung ändern*
On ne peut tout de même pas changer d'avis (d'idée, d'opinion) comme de chemise.
Ce n'est certainement pas une marque de force de caractère que de changer sans arrêt d'avis (d'idée, d'opinion).
Nombreux sont les intellectuels français, qui à la suite de la lecture du «Goulag» de Soljenitsyne, ont changé d'avis (d'idée, d'opinion) sur le communisme.

13. modifier son opinion (son jugement)   *seine Meinung ändern*
    sur, à l'égard de
Mon opinion sur lui (à son égard) s'est fondamentalement modifiée.

14. changer d'optique   *seinen Standpunkt, seine Ansicht ändern*
J'ai complètement changé d'optique depuis que j'ai visité une centrale nucléaire.

Auf eine Meinung verweisen

47 **1. de l'avis de**   *nach Meinung, nach Ansicht*
De l'avis des reporters, il n'y a pour l'instant aucun sujet d'inquiétude à avoir pour nos compatriotes Landsleute.
De l'avis même des médecins, l'agent Erreger de la maladie du SIDA AIDS a été transporté des anciennes colonies en Amérique et en Europe.

2. d'après (selon)   *nach, zufolge*
D'après les évaluations des experts, la réfection Restaurierung du «Rabenhof», la plus ancienne auberge de Strasbourg, coûterait plusieurs millions de francs.
Selon les spécialistes en agronomie Landwirtschaftsexperten, il est de nos jours impossible de renoncer dans l'agriculture aux engrais chimiques Kunstdünger.

3. à mon (son) avis (idée) *meiner (seiner) Meinung nach*
A mon avis, vous avez bien agi.
A son avis, il s'agit plus d'une mode que d'un mouvement profond et durable.

4. selon ses propres termes *nach seinen eigenen Worten*
Il s'agirait, selon ses propres termes, d'une atteinte Anschlag aux libertés fondamentales de l'individu.

Einen Standpunkt vertreten, Stellung nehmen

48 **1. soutenir (défendre, justifier) son** *seinen Standpunkt vertreten, verteidigen, begründen*
    point de vue
Il défendit son point de vue avec acharnement Hartnäckigkeit au cours d'une émission télévisée.
Il soutenait son point de vue de façon entêtée starrköpfig.
Les arguments qu'il a avancés pour justifier son point de vue ne nous ont pas paru convaincants.

2. soutenir une position *einen Standpunkt vertreten*
Ils soutenaient une position qui me paraissait tout à fait insensée.

3. demeurer sur ses positions *auf seinem Standpunkt beharren*
Malgré les violentes attaques du conseil du personnel Personalrates, la direction est demeurée sur ses positions.

4. exposer son point de vue, *seinen Standpunkt, seine Auffassung darlegen*
    ses conceptions
Au début des négociations tarifaires, les chefs de délégations ont exposé leurs différents points de vue.

5. s'en tenir à son avis *an seiner Meinung festhalten*
Il s'en tient à son avis bien qu'étant totalement isolé dans le groupe.

6. prendre position *Stellung nehmen*
Ce journaliste n'a jamais hésité à prendre position, même face aux problemes les plus délicats heikelsten Problemen gegenüber.
Des auteurs tels que Sartre et Camus ont toujours considéré de leur devoir de prendre position face aux événements.

7. la prise de position *die Stellungnahme*
On est en droit Man darf wohl d'attendre de lui une prise de position claire et nette.

Partei ergreifen, neutral bleiben

49   **1. prendre parti (pour ou contre)**   *Partei ergreifen (für oder gegen)*
Dans leur lettre pastorale Hirtenbrief, les évêques américains ont nettement pris parti contre la politique nucléaire menée par le gouvernement.
Les auteurs de la «littérature engagée» ont une conception de l'art telle, qu'elle leur permet de prendre également parti dans les événements politiques quotidiens.

2. prendre le parti de qn.   *js. Partei ergreifen*
Je ne peux pas m'empêcher de prendre toujours le parti du plus faible. Ich muß einfach immer wieder ...

3. être (se montrer) partial, impartial   *parteiisch, unparteiisch sein*
On ne peut être que partial dans ses jugements.
Il devrait en tant qu'intermédiaire als Vermittler se montrer impartial.

4. rester neutre   *neutral bleiben*
La Suisse s'est efforcée, jusqu'ici avec succès, de rester neutre dans le conflit Est-Ouest.
Il y a souvent dans la vie des situations dans lesquelles on ne peut rester neutre.
Après tout ce qu'il avait subi (connu), il ne pouvait rester neutre sur la question.

Kritisieren, in Frage stellen

50   **1. critiquer**   *kritisieren*
Dans une démocratie parlementaire, le rôle de l'opposition consiste à critiquer et à contrôler la politique du gouvernement.
Ils ne savent que critiquer; jamais ils ne font de propositions.

2. contester   *in Frage stellen, bestreiten, sich auflehnen gegen*
En 1968, les étudiants voulaient, par leur révolte, contester l'ordre établi.

3. remettre en question, en cause   *in Frage stellen*
Tu devrais de temps à autre repenser les problèmes et te remettre en question (en cause).
Hemingway fait partie des auteurs qui, au lendemain de la première guerre mondiale, ont remis en cause les valeurs traditionnelles de la civilisation occidentale.
Le philosophe Bertrand Russell ne cessait de provoquer ses contemporains en remettant radicalement en cause les valeurs du monde occidental.

4. trouver qc. à redire   *etw. auszusetzen haben*
Tu trouves toujours quelque chose à redire.

Vorbehalte haben, ein distanziertes Verhältnis haben

51 **1. émettre des réserves, des doutes sur, quant à**   *Vorbehalte haben, Bedenken anmelden gegenüber, in bezug auf*

J'émettrai les plus grandes réserves quant à l'issue de ce conflit.
Les conseillers municipaux ont émis certains doutes sur la politique financière menée par le maire.
Je l'apprécie dans sa spécialité mais me permets d'émettre des réserves quant à ses qualités humaines.
Les visiteurs de la foire Messe émirent des réserves quant à la qualité des nouveautés qui y étaient présentées.

2. conserver (garder, prendre) ses distances vis-à-vis de qn., par rapport à qn., avec qn.   *jm. gegenüber ein distanziertes Verhältnis haben (einnehmen), zurückhaltend sein*

Il conservait nettement ses distances avec les syndicalistes de l'usine.
En raison des événements des semaines passées, les membres du parti sont de plus en plus nombreux à prendre leurs distances vis-à-vis de leur chef de file Parteivorsitzenden.

3. prendre du recul par rapport à qn., qc.   *sich von jm., etw. distanzieren*

Le rédacteur en chef prend aujourd'hui du recul par rapport à ce qui avait été publié dans le dernier numéro de son journal.

4. avoir une attitude réservée   *zurückhaltend sein*

A son arrivée, il a eu une attitude d'abord très réservée. Mais peu à peu, il a appris à connaître et à apprécier l'équipe de travail que nous formons.

Betrachten als, halten für

52 **1. considérer comme**   *betrachten, ansehen als, halten für*

Je le considère comme quelqu'un de très sensible.
Je considère ce genre d'argumentation comme malhonnête unanständig.
Je l'ai toujours considéré dans son domaine comme quelqu'un de très compétent.
Je considère cette affaire comme classée.

2. tenir pour   *halten für*

Certains experts tenaient le journal de Hitler qui avait été publié dans un magazine, pour authentique, d'autres au contraire, le considéraient comme un faux Fälschung.
Je le tiens pour un menteur.

3. passer pour   *gelten als*

Cette invention passe dans les cercles spécialisés Expertenkreisen pour sensationnelle.

4. prendre pour *(irrtümlich) halten für*
Tout le monde le prenait pour un citoyen honnête; en réalité, il travaillait pour les services secrets d'une puissance étrangère.
Il ne faudrait pas me prendre pour plus bête que je ne suis.

5. trouver *finden, halten für*
Je trouve cette mode très originale.
Je ne trouve pas cette remarque très spirituelle.

6. croire *halten für*
Je le crois très digne de confiance.
Je crois la course aux armements Rüstungswettlauf entre l'Est et l'Ouest très dangereuse.
On a longtemps cru ce médicament inoffensif harmlos.

7. estimer *halten für*
Nombreux sont ceux qui estiment aujourd'hui le transfert des pouvoirs Übertragung der Staatsgewalt aux différentes régions de France, absolument nécessaire.
Il n'a pas estimé (jugé) nécessaire de nous informer de son départ.

8. juger *halten, erachten für*
Les ouvriers du bâtiment ne jugent pas toujours utile de se soumettre aux règles de sécurité sur les chantiers.
Le patron a jugé bon de réunir tous ses employés pour les entretenir des projets d'extension qu'il a pour l'entreprise.

Berücksichtigen, in Betracht ziehen

53

1. tenir compte de qc. *etw. berücksichtigen*
De nombreux hommes politiques tiennent trop peu compte dans leurs décisions de l'opinion publique.
Pour comprendre ses réactions, il faut tenir compte du fait qu'il est étranger.
Les architectes des «villes nouvelles» Trabantenstädte n'ont que très peu tenu compte des réels besoins de la population.
Vous devez tenir compte, dans vos réflexions, du fait que l'Europe a perdu son rôle prépondérant Vormachtstellung depuis la deuxième guerre mondiale.

2. envisager *in Betracht ziehen, ins Auge fassen*
Je n'avais pas encore envisagé cette possibilité.
Nous n'avions pas envisagé l'échec possible de l'entreprise.

3. prendre en considération *in Betracht ziehen, berücksichtigen*
Elle n'avait pas pris cette éventualité en considération.

4. faire entrer en ligne de compte *in Betracht ziehen, berücksichtigen*
Meursault n'avait pas fait entrer en ligne de compte une possible condamnation à mort.
Lorsqu'on veut savoir à combien revient kostet une voiture, il faut faire entrer en ligne de compte dans le calcul, non seulement le prix d'achat, mais aussi l'assurance, l'entretien, l'essence etc.

5. entrer en ligne de compte *in Betracht kommen, berücksichtigt werden*
Le temps de travail entre naturellement en ligne de compte dans le prix du produit.

6. (se) poser la question de savoir si[1] *(sich) die Frage stellen, ob*
La question se pose dans ces conditions de savoir si nous ne devrions pas complètement changer d'orientation.
La seule question qui se pose encore est de savoir si les dommages causés aux forêts peuvent encore être limités.

Präpositionale Wendung

53a à la lumière de *unter Berücksichtigung, aufgrund von*
On peut dire à la lumière des résultats des tests, que le produit ne peut pas encore être fabriqué en série.

Abwägen, Bilanz ziehen

54 **1. soupeser des arguments** *Argumente abwägen*
Le rôle d'un juré ₍Geschworenen₎ consiste à soupeser les arguments de l'accusation et de la défense pour se faire sa propre opinion.

2. peser le pour et le contre *das Für und Wider abwägen*
Avant de prendre une décision aussi importante, il faut que tu pèses bien le pour et le contre.

3. soupeser (peser, évaluer) *die Vor- und Nachteile gegeneinander abwägen*
   les avantages et les inconvénients
Après avoir bien soupesé (pesé) les avantages et les inconvénients, nous sommes maintenant en mesure de prendre une décision.
Il n'est pas facile d'évaluer précisément les avantages et les inconvénients d'une mesure comme celle du stationnement des fusées américaines en Europe.

4. évaluer (mesurer) les risques *das Risiko abschätzen*
Faire démarrer ₍starten₎ une telle action (entreprise) sans avoir préalablement ₍vorher₎ évalué les risques qu'elle peut entraîner, serait insensé.

5. voir un inconvénient à ce que *einen Nachteil darin sehen, daß*
Les scientifiques ne voyaient aucun inconvénient à ce que les déchets radio-actifs soient entreposés dans la vieille mine de sel.

---

[1] Beachte den Gebrauch von *de savoir* + **Fragewort**. Diese Wendung dient dazu, einen indirekten Fragesatz einzuleiten nach Ausdrücken wie *se poser la question/la question se pose/il s'agit/l'important serait/ce serait une raison de plus/pour ce qui est* (was die Frage betrifft).

6. établir (tirer, tracer) le bilan de   *die Bilanz aufstellen, Bilanz ziehen*
Le comité d'enquête a établi un bilan de ses activités jusqu'à ce jour.
Cette épreuve Schicksalsschlag fut l'occasion pour lui de tracer le bilan de sa vie.
Dans son autobiographie, ce reporter tire le bilan de ses nombreuses années passées au Moyen-Orient.

7. avoir ses bons et ses mauvais côtés   *sein Gutes und Schlechtes haben, seine guten und seine schlechten Seiten haben*
Cette profession a, comme toutes les autres, ses bons et ses mauvais côtés.

8. avoir de bons et de moins bons côtés   *sein Gutes und Schlechtes haben, seine guten und seine schlechten Seiten haben*
L'expérience a eu de bons et de moins bons côtés.

9. le revers de la médaille   *die Kehrseite der Medaille*
Pour être son propre patron, il a décidé d'acquérir un fonds de commerce Ladengeschäft. Le revers de la médaille, c'est que désormais, il n'a plus d'horaires geregelte Arbeitszeit et, en revanche, beaucoup plus de soucis.

(Sich) bewußt sein, werden, machen

55

1. être conscient de qc.   *sich einer Sache bewußt sein*
Ils n'étaient pas tout à fait conscients de la situation dans laquelle ils allaient se trouver.

2. avoir conscience de qc.   *sich einer Sache bewußt sein*
Il n'avait pas conscience de sa faute.
Les passagers n'ont pas eu conscience du danger qu'ils couraient.
J'avais tout à fait conscience du risque que je prenais en agissant ainsi.

3. prendre conscience de qc.   *sich einer Sache bewußt werden, sich darüber klarwerden*
Ce n'est que plus tard qu'il a pris réellement conscience de ce qu'il avait dit.
Ce coup du sort lui fit prendre conscience de l'insouciance Sorglosigkeit dans laquelle il avait vécu jusqu'ici.
Il prit tout à coup conscience du fait qu'il n'était plus tout jeune.

4. se rendre compte de qc.   *sich einer Sache bewußt werden, sich darüber klarwerden*
Il ne s'était pas rendu compte des conséquences que cela entraînerait.

5. la prise de conscience   *Bewußtwerdung*
Le film «Le dernier jour» oblige le spectateur à une prise de conscience de sa situation au siècle de l'atome.

6. se rendre à l'évidence[1]   *sich klarwerden, einsehen*
Nous devons nous rendre à l'évidence: cela ne peut pas continuer ainsi.

---

[1] Beachte: Folgt auf *se rendre à l'évidence* ein Satz, dann wird dieser durch einen Doppelpunkt und nicht durch *que* eingeleitet.

7. s'apercevoir de qc. *etw. bemerken, sich einer Sache bewußt werden*
Nous ne nous sommes pas aperçus tout de suite à quel point sa maladie était avancée.
Nous nous sommes très vite aperçus des limites de nos moyens.

8. faire prendre conscience à qn. de qc. *jm. etw. bewußt machen*
Les visites que j'ai faites de Delphes et d'Olympie m'ont fait prendre conscience du fait que malgré leurs rivalités, les Grecs de l'Antiquité ne formaient bien qu'une seule et même nation.
Le psychanalyste interprète les rêves de ses patients pour faire prendre conscience à ceux-ci de la nature de leurs problèmes.

9. amener qn. à penser *jn. auf den Gedanken bringen*
Ma visite au cabaret alsacien «Le Barabli» m'a amené à penser que les Alsaciens dominent avec beaucoup d'esprit et d'humour leurs problèmes d'identité.

10. ouvrir les yeux à qn. *jm. die Augen öffnen*
J'ai essayé de lui ouvrir les yeux mais ne suis pas sûr d'y être parvenu.

11. ouvrir des perspectives (horizons) à qn. *jm. Perspektiven, Möglichkeiten eröffnen*
Le but de la formation générale Allgemeinbildung est d'ouvrir aux jeunes certaines perspectives dans la vie.
Ma rencontre avec cette personne m'a ouvert d'autres horizons.

12. faire le point *sich über die Lage klarwerden, eine Bestandsaufnahme machen*
A certains moments importants de son existence, chacun éprouve le besoin de faire le point sur soi-même et sur le monde qui l'entoure.

Kennenlernen, die Bekanntschaft machen

56 **1. apprendre à connaître** *kennenlernen*
Ce n'est que dans la difficulté qu'on apprend vraiment à connaître quelqu'un.
Au cours de mes randonnées Wanderungen dans les Alpes suisses, j'ai appris à connaître la manière de vivre des bergers Hirten.
Le voyage en Afrique du Nord était bien organisé, mais n'offrait que peu l'occasion aux touristes d'apprendre à connaître le mode de vie des autochtones [otɔktɔn] Eingeborenen.

2. découvrir *entdecken, kennenlernen*
Au cours de leur voyage scolaire dans le Jura, les élèves ont découvert l'industrie locale.

3. faire la connaissance de qn. *jn. kennenlernen, js. Bekanntschaft machen*
Il a eu l'occasion au cours de sa carrière de photographe de presse de faire la connaissance de nombreuses personnalités.
Nous avons fait leur connaissance par hasard cet été, pendant nos vacances sur l'île d'Elbe.

4. faire connaissance avec qn. *jn. kennenlernen, js. Bekanntschaft machen*
Nous avons fait connaissance l'an passé avec les Barnier.

5. faire connaître *nahebringen*
Ces livres m'ont fait connaître la mentalité de ces gens.

Sich vorstellen, eine Vorstellung haben

57 **1. (s')imaginer** *sich vorstellen, sich ausmalen*
Nous avons de la peine aujourd'hui à (nous) imaginer un monde privé des conquêtes Errungenschaften de la technique.
La société telle que se l'imaginait George Orwell dans son roman «1984» ne s'est pas réalisée telle quelle in dieser Art.
Nous avons bien de la peine à (nous) imaginer l'existence d'êtres vivants sur d'autres planètes.

2. se représenter *sich vorstellen*
Je n'arrive pas à me représenter la vie sans électricité.

3. avoir une idée *eine Vorstellung haben*
Je n'ai pas la moindre idée de la manière dont les choses vont se poursuivre.
Il a une idée très précise de la profession qu'il aimerait exercer plus tard.

4. se faire une idée *sich eine Vorstellung machen*
Il se fait une idée fausse de la situation.

Eine Sicht haben, unter einem Aspekt sehen, in einem Licht darstellen

58 **1. avoir une vision (du monde)** *eine Sicht, Vorstellung (von der Welt) haben*
Sartre a une vision du monde qui est déterminée d'une part par la liberté de l'être humain et d'autre part par le sens absolu que celui-ci a de sa responsabilité.
Maupassant a la vision d'un monde où les hommes souffrent des contraintes que la société leur impose et dont ils ne peuvent se dégager.
Dans sa dernière œuvre «Les rêveries d'un promeneur solitaire», Rousseau développe une vision du monde très romantique: l'être humain se ressent comme partie intégrante wesentlicher Bestandteil de la nature.

2. avoir une vue *eine Sicht(weise) haben*
Dans son ouvrage «La chute de l'Occident» O. Spengler a une vue très pessimiste de l'évolution de la civilisation occidentale.

3. avoir des vues *eine Ansicht haben*
Il a toujours des vues très personnelles sur tout.

Präpositionale Wendungen

59 1. sous l'aspect de   *unter dem Aspekt*
On peut envisager ce problème sous différents aspects.
Tu ne devrais pas tout considérer sous le seul aspect d'une application pratique possible.

2. du point de vue   *unter dem Gesichtspunkt, vom Standpunkt aus*
Du point de vue des écologistes, le progrès technique n'a non seulement pas amélioré la qualité de la vie, mais l'a, au contraire, détériorée verschlechtert.
Nous devons considérer cette question de différents points de vue.

3. sous l'angle de   *unter dem Blickwinkel*
Il faut aussi examiner ce projet sous l'angle de sa rentabilité.
Il est égoïste et ne considère les choses que sous l'angle de son avantage personnel.
Considérée sous l'angle du progrès, la civilisation européenne est certainement supérieure à toutes les autres.

4. sous un jour   *in einem Licht*
Cette personne sait se présenter toujours sous son meilleur jour.
Dans ses mémoires, le général de Gaulle présente le rôle qu'il a joué pendant la crise de 1958 sous un jour très favorable.
Jusqu'à l'achèvement Abschluß de ses études, il envisageait l'avenir sous un jour assez sombre; après, il se montra plus optimiste.

Abstand haben, aus der Distanz sehen

60 avoir (prendre) du recul   *Abstand haben, gewinnen*
par rapport à qn., qc.
Nous n'avons peut-être pas assez de recul pour juger des événements des cinq dernières années.
Elle a fait ce voyage pour prendre du recul par rapport à ses problèmes.
Il est trop impliqué verwickelt dans cette affaire pour pouvoir prendre du recul et porter sur elle un jugement objectif.

Präpositionale Wendungen

60a 1. avec du recul   *aus der Distanz*
Avec du recul, cette histoire paraît tout à fait ridicule.

2. en observateur détaché, impartial   *in der Rolle eines distanzierten, unparteiischen Beobachters*
Le rôle du journaliste consiste moins à agir sur les événements qu'à les enregistrer en observateur détaché.
Montesquieu savait prendre du recul, ce qui lui permettait de critiquer ses contemporains en observateur impartial.

Verlegen, versetzen, spielen

61 **1. situer** — *verlegen, spielen lassen*

Anouilh situe son drame «Becket ou l'honneur de Dieu» en Angleterre, en France et en Italie.
Camus situe les événements qui constituent le sujet de son roman «La Peste» à Oran, en Algérie, pendant les années 40.

2. se situer — *spielen, liegen*

L'action du film «Autant en emporte le vent» se situe dans les Etats du Sud de l'Amérique au temps de la guerre de Sécession.

3. transposer — *versetzen*

Il transposa l'action qui se situait au XVe siècle, à l'époque actuelle.

4. transporter — *versetzen*

L'auteur nous transporte dans son roman à l'époque de la guerre de Trente ans.

5. se mettre à la place de qn. — *sich in jn., in seine Lage versetzen*

Mettez-vous un peu à ma place!
Il est incapable de se mettre à la place de quelqu'un d'autre.

6. à la place de qn. — *an js. Stelle*

A ta place, j'accepterais cette offre.

Sich auf jn., etw. beziehen; in Beziehung setzen; jn., etw. betreffen

62 **1. se référer à qc.** — *sich auf etw. beziehen*

Cette statistique se réfère aux conditions de 1955 et non à celles d'aujourd'hui.

2. se rapporter à qc. — *sich auf etw. beziehen, mit etw. in Zusammenhang stehen*

Ce texte se rapporte à la photo de couverture.

3. porter sur qc. — *sich auf etw. beziehen, sich auf etw. erstrecken*

Il y a à ce congrès toute une série de sujets portant sur les rapports entre les sciences pures et les sciences appliquées.
Les améliorations devront porter non seulement sur le moteur de cette voiture mais aussi sur sa carrosserie et le problème de la tenue de route Straßenlage.

4. faire allusion à qn., qc. — *auf jn., etw. anspielen*

Par cette remarque, l'auteur fait allusion à des événements qui se sont passés à Paris pendant l'Occupation allemande.

5. avoir un rapport avec — *eine Beziehung haben zu*

Le titre du roman n'a visiblement aucun rapport avec son contenu.

6. être en rapport, en relation avec   *in Verbindung stehen mit*
La diminution des accidents de la route est certainement en rapport (relation) avec les limitations de vitesse.

7. ne pas être en rapport, en relation avec   *in keinem Verhältnis stehen zu*
Le résultat n'est absolument pas en rapport avec la dépense.
La qualité de cette marchandise n'est nullement en rapport avec son prix.

63
8. correspondre à qc.   *etw. entsprechen*
Le résultat ne correspond pas à notre attente.
Ce que tu me dis là, ne correspond en rien à ce que j'ai remarqué moi-même.
Ce comportement ne me surprend pas, il correspond bien à l'image que je me fais de lui.

9. établir un rapport   *eine Beziehung herstellen*
Je n'ai pas réussi à établir de rapport entre la réponse qu'il m'a faite et la question que je lui avais posée.

10. concerner   *betreffen*
Cette affaire nous concerne tous les deux, toi autant que moi.
Ce règlement ne concerne que les mineurs Minderjährige.
La question de l'armement concerne de nos jours tous les citoyens et pas seulement les militaires et les hommes politiques.

11. viser qn., qc.   *jn., etw. betreffen; anvisieren*
Les critiques portées contre cette voiture ne visent pas la technique mais la finition Verarbeitung.
Je me sens visé par cette remarque.
Cette publicité vise une couche bien précise de la population, à savoir celle des jeunes cadres jungen Führungskräfte.

12. s'adresser à qn., qc.   *sich an jn., etw. wenden*
Les films de Jacques Tati s'adressent à un public ayant de l'humour.
Robert Musil est un auteur qui veut s'adresser moins au cœur qu'à la raison de son lecteur.
Les rapports du Club de Rome s'adressent à tous ceux qui se soucient de l'avenir de notre planète.

13. regarder qn.   *jn. etw. angehen*
Vos histoires ne me regardent pas.
Occupe-toi, s'il te plaît, de ce qui te regarde.

14. s'appliquer à qn., qc.   *sich auf jn., etw. beziehen, auf jn., etw. zutreffen*
Ce mode d'emploi Gebrauchsanweisung s'appliquait à un modèle qui n'est plus fabriqué.
La loi s'applique à tous les citoyens de ce pays sans exceptions.

15. être lié à qc.   *mit etw. verbunden sein*
Les souvenirs que j'ai de cette ville sont étroitement liés à la fin de la guerre.
Le nom de Mercédès est très lié à l'histoire de l'automobile en Allemagne.

Präpositionale Wendungen

64

1. en ce qui concerne *was (an)betrifft*
Je ne partage pas du tout ton avis en ce qui concerne la valeur littéraire de ce roman.
En ce qui concerne les gisements pétroliers Erdölvorkommen, leur exploitation durera certainement beaucoup plus longtemps qu'on ne le prévoyait encore il y a quelques années.
En ce qui concerne la télévision par câbles, les avis sont partagés.

2. au sujet de *was (an)betrifft, hinsichtlich*
Il ne prononça pas dans son discours le moindre mot au sujet du récent neuesten scandale financier.
Sa remarque au sujet de la réduction du temps de travail prouve sa méconnaissance des réalités.

3. pour ce qui est de *was (an)betrifft*
Pour ce qui est de ta passion des westerns, là, j'avoue ne pas très bien comprendre.

4. à propos de *über, was (an)betrifft*
Ils se disputent sans arrêt à propos de tout et de rien.

5. quant à *was anbetrifft, hinsichtlich*
Les 1er et 3e mouvements Satz du concerto N°. 21 de Mozart sont déjà très beaux. Quant à l'andante du 2e mouvement, c'est, à mon avis, un modèle du genre.

6. par rapport à *in bezug auf, im Verhältnis zu*
Actuellement, la jeunesse a une attitude plus critique par rapport à l'autorité des adultes.
Il gagne trop peu par rapport au travail qu'il effectue.

7. à l'égard de *gegenüber, zu*
Il a une foule de préjugés à l'égard des étrangers.
Je n'arrive pas à comprendre son attitude à l'égard de ces gens.

8. à cet égard *in dieser Hinsicht*
Tu connais mon point de vue à cet égard.

9. vis-à-vis de *gegenüber*
Son intolérance vis-à-vis de ceux qui pensent autrement que lui me paraît effrayante.
Ne crois-tu pas que nous ayons une grande responsabilité vis-à-vis des générations à venir?

10. sur *in bezug auf, über*
Il est très difficile d'obtenir des informations objectives sur les événements d'Afghanistan.
Ces remarques sur mon compte über meine Person ne sont guère flatteuses.

Vergleichen[1]

65 **1. comparer (à, avec; entre)** *(miteinander) vergleichen*

Le professeur Alfred Grosser s'est toujours attaché à comparer la situation politique, sociale et économique de l'Allemagne et (à, avec) celle de la France.
Voilà deux choses qu'on ne peut comparer entre elles.
Cette exposition permet de comparer entre elles les différentes tendances de la peinture contemporaine.

---

2. comparer les points de vue *die Standpunkte vergleichen*

C'est en comparant les différents points de vue en présence die sich gegenüberstehen que nous progresserons dans la recherche d'un compromis acceptable pour tous.

---

3. établir une comparaison entre, avec *einen Vergleich ziehen zwischen, mit*

Dans son traité d'histoire sur la société du XIVe siècle, l'auteur établit de nombreuses comparaisons avec le présent.
Dans son reportage, le journaliste établit sans cesse des comparaisons entre le mode de vie des Américains et celui des Français.

---

4. établir un parallèle entre, avec *eine Parallele ziehen zwischen, mit*

Les deux livres sont si différents qu'on ne peut établir de parallèle entre eux.
On peut établir un parallèle entre le comportement de certains animaux et celui de l'homme.
L'auteur établit un parallèle intéressant entre la révolution industrielle au XVIIIe siècle et la révolution technologique de notre époque.
Il est certainement possible d'établir un parallèle entre la technique romanesque Romantechnik de Marcel Proust et celle de Virginia Woolf.

Präpositionale Wendung

65a **par comparaison avec** *im Vergleich zu*

Par comparaison avec la bombe atomique, les armes conventionnelles étaient tout à fait anodines harmlos.
L'idée européenne a perdu beaucoup de son poids par comparaison avec celui qu'elle avait dans les années 50.

---

[1] Beachte in diesem Zusammenhang auch den Gebrauch des Demonstrativpronomens. Es dient dazu, in Sätzen, in denen eine **Ähnlichkeit** oder eine **Ungleichheit** zwischen zwei Dingen festgestellt wird, die Wiederholung eines Substantivs zu vermeiden:
Ton point de vue sur cette question est pourtant bien différent de **celui** que tu avais encore l'an dernier.
Tu ne peux tout de même pas comparer les conditions de vie en Suède à (avec) **celles** que l'on rencontre en Italie.
Les profits de cette année sont plutôt modestes par comparaison avec **ceux** de l'an dernier.
Im Deutschen dagegen wird das Substantiv oft wiederholt, um Wortfolgen wie „der, die du" zu vermeiden. (Deine Einstellung ist doch sehr verschieden von der (Einstellung), die du noch letztes Jahr hattest.)

Einordnen, zu etw. gehören

66

1. se situer dans le domaine,   *in den Bereich gehören, im Bereich liegen*
    au niveau de
Ses difficultés ne viennent pas d'un manque de compétence professionnelle, elles se situent au niveau de la direction du personnel Personalführung.
Les succès économiques japonais les plus éclatants des dernières années se situent dans le domaine de l'électronique.

---

2. resituer   *einordnen*
Il faut toujours, en pareil cas, resituer les faits dans leur cadre historique.

---

3. replacer   *einordnen*
Je voudrais replacer cet épisode dans le contexte général de la pièce.

---

4. s'inscrire dans qc.   *mit etw. in Zusammenhang stehen; (im Rahmen einer Sache) erfolgen, stattfinden*
Ces mesures s'inscrivent dans une stratégie globale de préservation de l'environnement.
Le récit de cette aventure s'inscrit dans le cadre plus vaste de la vie des paysans cévenols Cevennenbauern au XIXe siècle.

---

5. relever de qc.   *in den Bereich, die Zuständigkeit gehören*
Ce comportement relève de la psychanalyse.

---

6. s'intégrer à qc.   *sich in etw. einfügen*
Elle ne s'intègre que difficilement à une communauté Gemeinschaft.
Il s'est très rapidement intégré à l'équipe de travail.
Cet épisode s'intègre bien à l'ensemble de l'action.

---

7. ranger   *einordnen*
Cette pièce est tout à fait originale et ne peut être rangée dans aucune catégorie traditionnelle.

---

8. classer   *(ein)ordnen*
Il est évidemment impossible de classer sous la même rubrique un Rabelais et un Pascal.

---

9. appartenir à   *gehören zu, Aufgabe sein von*
Il n'appartient pas aux tribunaux de clarifier cette question, mais au législateur.

---

10. faire partie de qc.   *zu etw. gehören*
La visite de Versailles fait partie du programme de notre séjour à Paris.
La dissolution de l'Assemblée Nationale fait partie des prérogatives Rechten du chef d'Etat français.
Cela fait partie de ses devoirs.

---

11. entrer dans qc.   *zu etw. gehören*
Cette affaire n'entre pas dans le domaine de ses compétences.
Il entre dans cette catégorie de personnes qui sont incapables d'écouter.

12. se rattacher à qc. *zu etw. gehören*
Tout ce qui se rattache à cette question doit être repensé.
Certains des tableaux de Turner se rattachent au classicisme, d'autres s'en détachent totalement et annoncent l'impressionnisme.

Präpositionale Wendungen

67 **1. dans le contexte de** *im Zusammenhang*
Il admit avoir employé ces mots, mais dans un autre contexte.

2. dans cet ordre d'idées *in diesem Zusammenhang*
Dans cet ordre d'idées, il ne faut pas mésestimer unterschätzen l'influence des médias sur l'opinion publique.

3. sur le plan (au plan) de *auf der Ebene*
Ce problème doit trouver sa solution sur le plan régional.
Les gouvernements français et allemand sont tombés d'accord sur le principe d'une collaboration plus étroite sur le plan militaire.
Les Japonais sont en train de surpasser les Américains sur le plan des microprocesseurs et de la technique d'ordinateurs.

4. au niveau de *auf der Ebene, im Bereich, bei usw.*
Cette question se situe au niveau de la gestion Betriebsführung.
Le conflit dans la tragédie se déploie entwickelt sich à différents niveaux.
On ne peut pas dire que la situation soit satisfaisante au niveau de l'emploi Arbeitsmarktes.

5. à l'échelle (de) *auf der Ebene*
Le problème se pose à l'échelle mondiale (de la planète).

6. dans le domaine de *im Bereich, auf dem Gebiet*
On n'a pas encore effectué de gros progrès dans le domaine de l'utilisation de l'énergie solaire.
On a fait beaucoup dans cette ville dans le domaine de l'assainissement Sanierung des vieux quartiers.
Le traité franco-allemand de 1963 prévoit une collaboration entre la France et l'Allemagne dans différents domaines tels que la politique extérieure, la culture, le travail dans les entreprises, l'économie etc.

7. dans le cadre de *im Rahmen*
Le problème fut évoqué dans le cadre des conversations bilatérales régulières entre nos deux pays.

8. dans le secteur de *auf dem Gebiet, im (Wirtschafts)Bereich, auf dem Sektor*
L'essor Aufschwung économique se manifeste avant tout dans le secteur (de l')automobile.
C'est dans le secteur de l'agriculture que les divergences de vues Meinungsverschiedenheiten étaient les plus grandes entre les Etats membres de la Communauté Européenne.

9. en matière de   *auf dem Gebiet, in bezug auf*
Il est vraiment connaisseur en matière de gastronomie.

10. en relation avec   *in Verbindung mit, im Zusammenhang mit*
Les syndicats abordent le problème des 35 heures en relation avec la création de nouveaux emplois.

11. du côté de   *auf der Seite von*
Il est dur de se retrouver du côté des perdants.

Zeitlich einordnen

68 In bezug auf die Gegenwart

1. actuellement   *gegenwärtig, zur Zeit*
Les négociations sur les prix des produits agricoles européens se trouvent actuellement dans une impasse Sackgasse.
On s'interroge actuellement beaucoup sur le problème de la robotisation.
Le taux d'inflation est actuellement en Allemagne de 2,8% en moyenne sur l'année.

2. en ce moment   *jetzt, in diesem Augenblick, zur Zeit*
La moisson Ernte bat son plein ist in vollem Gange en ce moment.
C'est en ce moment qu'ont lieu en Amérique les élections primaires dans la course à l'investiture suprême Vorwahlen zur Wahl des Präsidenten.
En ce moment (Actuellement, Présentement), les représentants des syndicats et ceux des patrons négocient sur de nouveaux contrats de travail.

3. pour l'instant   *zur Zeit, gegenwärtig*
Pour l'instant (Actuellement), le gouvernement n'envisage pas d'augmenter la TVA.

4. à l'heure actuelle   *zur Zeit*
A l'heure actuelle, on peut considérer que la variole Pocken a complètement disparu de la planète.
La sidérurgie Stahlindustrie se trouve à l'heure actuelle dans une situation très critique.
A l'heure actuelle, plus personne ne pense à une confédération européenne des Etats.

5. de nos jours   *heute, heutzutage*
De nos jours, presque tout le monde possède un téléviseur.
Les conditions de vie sont plus faciles de nos jours qu'il y a seulement un siècle.
Comment pareille superstition Aberglaube est-elle encore possible de nos jours?

6. aujourd'hui   *heute*
Chaque Français peut aujourd'hui prétendre Anspruch erheben à cinq semaines de vacances par an.
Aujourd'hui, on peut raisonnablement penser que la vie dans l'espace va se développer.
Grâce au TGV (train à grande vitesse), on se rend aujourd'hui de Lyon à Paris en un temps record de deux heures.

7. à présent *jetzt, gegenwärtig, zur Zeit*
Il envisage à présent d'acheter une planche à voile Windsurfbrett.
A présent, les chercheurs se tournent vers d'autres secteurs d'investigation Forschung.

8. maintenant *jetzt*
Maintenant, plus personne ne parle d'expansion économique.
Les pouvoirs publics Behörden se trouvent maintenant confrontés au problème de l'immigration sauvage ohne Genehmigung.

9. à notre époque *heute*
Il est, à notre époque, impensable de vivre sans téléphone.
On ne rencontre pratiquement plus, à notre époque, de fiacres dans les rues.

10. à l'époque de *im Zeitalter, in der Zeit*
Nous vivons à l'époque de l'ordinateur.

In bezug auf die Vergangenheit

69

1. à l'époque *damals*
Il y a 15 ans, la conjoncture était totalement différente et, à l'époque, chacun était beaucoup plus optimiste qu'aujourd'hui.
Il avait, à l'époque, participé à la guerre du Vietnam.

2. à cette époque(-là) *damals*
A cette époque, on commençait à peine à installer l'électricité dans les villages.

3. à l'époque de *zur Zeit*
A l'époque des voitures à chevaux, on prenait encore le temps de vivre.
Je n'aurais pas aimé vivre à l'époque de Louis XIV.

4. à l'époque où *zur Zeit als*
A l'époque où se situe ce récit, l'esclavage n'était pas encore aboli en Amérique.
Les années 50, c'était l'époque où l'Europe commençait sa reconstruction.
Je l'ai rencontré à une époque où les choses n'allaient pas bien pour lui sur le plan professionnel.

5. autrefois *früher*
Autrefois, les familles se réunissaient le soir pour passer la veillée Abendstunden au coin du feu.
Autrefois, les enfants travaillaient très jeunes dans les mines.
Autrefois, j'aurais pris une telle affirmation pour argent comptant bare Münze.

6. auparavant *vorher, zuvor*
Il avait travaillé quelques années auparavant pour son entreprise à l'étranger.

7. dans les années (20, 50) *in den (zwanziger, fünfziger) Jahren*
C'est dans les années soixante qu'eut lieu en Allemagne le miracle économique.
De nombreux artistes et intellectuels émigrèrent dans les années 30.

8. ces dernières années   *in den letzten Jahren*
Le chômage n'a guère été réduit ces dernières années.

9. ces derniers temps (jours)   *in letzter Zeit*
Ces derniers temps (jours), il n'a pratiquement pas cessé de pleuvoir.
Cet acteur a beaucoup fait parler de lui ces derniers temps.

10. dans le passé   *in der Vergangenheit*
Dans le passé, les problèmes se posaient tout à fait différemment.

11. par le passé   *in der Vergangenheit*
Par le passé, j'aurais réagi totalement différemment en pareille situation.

12. jadis   *früher*
Il m'avait jadis parlé de son intention de partir en Afrique.

In bezug auf die Zukunft

70 **1. à une date ultérieure**   *zu einem späteren Zeitpunkt*
Le concert prévu pour ce soir est reporté verschoben à une date ultérieure en raison de l'état de santé du chef d'orchestre.

2. dans (un délai de)   *in, innerhalb*
Le commerçant m'a promis de me livrer mon réfrigérateur dans huit jours (dans un délai de huit jours).

3. dans les années à venir   *in den kommenden Jahren*
Je me demande si on peut attendre de grands changements d'orientation de la politique dans les années à venir.

4. désormais   *von nun an, jetzt*
Son troisième roman reçut le prix Renaudot et désormais sa carrière littéraire était nettement engagée.

5. dorénavant   *von nun an, jetzt*
Dorénavant (Désormais, A l'avenir), la priorité sera donnée à la lutte contre l'inflation.

6. à l'avenir   *von nun an, jetzt*
A l'avenir (Désormais, Dorénavant), nous ne nous contenterons plus de promesses creuses leeren Versprechungen.

7. d'ici peu, d'ici une semaine   *bald, in einer Woche*
Il va pleuvoir d'ici peu.
Vous aurez les résultats d'ici une semaine.

55

Ausdrücke mit *moment*

71 **1. au moment de**   *im Augenblick, (als)*
Au moment de prendre sa décision, il eut soudain des doutes.

2. à un moment   *zu einem Zeitpunkt*
La nouvelle lui est parvenue à un moment particulièrement défavorable.

3. au moment où   *im Augenblick, als*
Au moment où j'allais sortir, le téléphone s'est mis à sonner.
Je l'ai rencontré à un moment où il était encore complètement inconnu comme écrivain.

4. à ce moment-là   *in jenem (diesem) Augenblick, zu jener Zeit*
A ce moment-là, il n'était pas encore question d'énergie nucléaire.

5. à partir du moment où   *von der Zeit an, als*
A partir du moment où les pays industrialisés ont diminué leur consommation de pétrole, les prix de celui-ci ont chuté gefallen sur le marché mondial.

6. à partir de ce moment-là   *von dieser Zeit an*
Elle a pris quelques cours particuliers de mathématiques et à partir de ce moment-là, ses notes se sont améliorées.

7. jusqu'au moment où   *bis zu der Zeit (dem Augenblick), als*
Sa carrière avait été modeste jusqu'au moment où on lui offrit d'occuper un poste à l'étranger.

8. dans un moment   *in einem Augenblick, gleich, sofort*
Dans un moment, il fera nuit noire.
Je vous rappellerai dans un moment.

9. d'un moment à l'autre   *jeden Augenblick, sogleich*
Nos invités devraient maintenant arriver d'un moment (instant) à l'autre (d'une minute à l'autre).

10. il y a un moment que   *schon seit einiger Zeit*
Il y a un moment déjà que la circulation est bloquée sur l'autoroute.
Il y a un moment que je cherche à résoudre cette énigme Rätsel.

Ausdrücke mit *période*

72 **1. pendant la période de**   *in der Zeit*
Le théâtre connut ses plus grands succès pendant la période de l'Entre-deux-guerres.

2. pendant la période où   *in der Zeit, als*
C'est pendant la période où ils habitaient Beaune qu'ils ont commencé à apprécier les grands crus Spitzenweine.

3. en période de   *in Zeiten*
C'est en période de crise qu'il faut le plus faire preuve d'imagination pour s'en sortir.

4. pour une période de   *für einen Zeitraum von*
Vous serez engagé à l'essai auf Probe pour une période de six mois.

5. à la période de   *zur Zeit*
Ils revenaient toujours dans le Beaujolais à la période des vendanges.

Ausdrücke mit *temps*

73   **1. du temps de**   *zur Zeit*
Du temps des Romains, on connaissait déjà le principe du chauffage central.

2. en temps de   *zu Zeiten*
En temps de paix, le Cambodge était un pays magnifique.

3. la plupart du temps   *meistens*
Il quitte la plupart du temps son bureau vers 18 h.

4. de tout temps   *schon immer*
De tout temps, l'homme a envié l'oiseau et désiré voler comme lui.

5. avec le temps   *mit der Zeit*
Avec le temps malheureusement, son enthousiasme a bien baissé.

6. de temps en temps   *von Zeit zu Zeit*
J'aime bien, de temps en temps, prendre la voiture et rouler sans but défini.

7. de temps à autre   *von Zeit zu Zeit*
Il lui arrive de temps à autre de ne pas entendre son réveil le matin.

8. en même temps   *gleichzeitig*
Sylvie fait du sport de haute compétition mais, en même temps, elle poursuit ses études de kinésithérapeute Krankenmasseuse.

9. en ce temps-là   *zu jener Zeit*
En ce temps-là, c'était avant la guerre de 39–45, nous habitions Rouen.

Weitere Ausdrücke, die sich auf die Zeit beziehen

74   **1. vivre au jour le jour**   *in den Tag hineinleben*
Ils n'ont jamais su faire d'économies et se sont toujours contentés de vivre au jour le jour.

2. vivre dans le présent *in der Gegenwart leben*
On a souvent le tort de repenser au passé ou de redouter l'avenir au lieu de vivre simplement dans le présent.

3. vivre dans le passé *in der Vergangenheit leben*
Ce vieillard ne vit plus que dans le passé.

4. se projeter dans l'avenir *in der Zukunft leben*
Incapable d'assumer l'instant présent die Gegenwart zu ertragen, il se projette sans cesse dans l'avenir.

5. vivre avec son temps *mit der Zeit gehen*
Il faut savoir s'adapter pour vivre avec son temps.

6. prendre son temps *sich Zeit lassen*
Brigitte n'est jamais pressée, elle prend vraiment tout son temps.

7. prendre le temps de vivre *sich Zeit zum Leben nehmen*
La sagesse, c'est de savoir prendre le temps de vivre.

8. ne pas avoir le temps de faire qc. *keine Zeit haben, etw. zu tun*
Je n'ai pas le temps de m'occuper de ce dossier aujourd'hui.

9. ne pas laisser de temps libre à qn. *jm. keine Freizeit lassen*
La nouvelle situation ne me laisse guère de temps libre.

10. avoir du temps devant soi *genügend Zeit vor sich haben*
Si nous voulons livrer le manuscrit avant le mois de juin, nous n'avons plus guère de temps devant nous.

11. quelque temps après (plus tard) *einige Zeit danach*
Quelque temps après (plus tard), l'affaire était complètement oubliée.

12. longtemps après *lange danach*
Longtemps après, elle reparlait encore de cet incident qui l'avait visiblement impressionnée.

13. peu de temps après *kurze Zeit danach*
Notre voisin s'était acheté une nouvelle voiture qu'il a revendue très peu de temps après.

14. après un temps de réflexion *nach einer Bedenkzeit*
Je ne vous donnerai ma réponse qu'après un temps de réflexion.

15. à l'époque de l'Entre-deux-guerres *zwischen den beiden Weltkriegen*
A l'époque de l'Entre-deux-guerres, des hommes politiques comme Briand et Stresemann se sont efforcés d'aboutir à une réconciliation entre la France et l'Allemagne.

16. à ce jour *bis heute*
La police n'a reçu encore aucun témoignage à ce jour, concernant l'accident survenu le 14 avril, rue des Templier.

Hervorheben, betonen

75 **1. souligner** *unterstreichen, hervorheben, betonen*
Les deux partis ont tenu à souligner leur désir de parvenir à un compromis.
En quittant l'OTAN NATO, le général de Gaulle entendait wollte souligner sa détermination à renforcer la souveraineté nationale de la France.
Le porte-parole du gouvernement souligna les bonnes relations existant entre les deux pays.

2. il faut (on peut) noter* *ich möchte (man kann) anführen, hervorheben*
Il faut noter un autre aspect de ce problème, à savoir celui des groupes marginaux Randgruppen de notre société.

3. on notera* *ich möchte (man kann) anführen, hervorheben*
On notera un dernier point qui est celui de la dénatalité Geburtenrückgang.

4. mettre l'accent sur *den Nachdruck legen auf*
En matière de politique économique, l'accent est mis aujourd'hui non pas sur l'expansion, mais sur la recherche.
L'orateur a mis l'accent sur les perspectives à court terme für die allernächste Zukunft.

5. mettre en relief, en évidence *hervorheben, klar herausstellen*
Elle a su mettre en relief (évidence) le côté attachant anziehende du personnage.

6. mettre en valeur *herausstellen, in den Vordergrund stellen*
Dans le roman moderne, ce qui est très souvent mis en valeur, ce sont les préoccupations de l'auteur concernant sa propre vie. ... die intensive Beschäftigung ... mit seinem eigenen Leben.

7. mettre en avant *herausstreichen, herausstellen*
Il s'arrange toujours pour mettre en avant ses intérêts personnels.

8. faire ressortir *hervorheben, unterstreichen*
Il faut s'attacher sich bemühen à ne faire ressortir que l'essentiel et à laisser de côté le superflu.

9. insister sur qc., sur le fait que *Nachdruck, Gewicht legen auf*
Le romancier insiste sur le fait que les personnages qu'il a inventés finissent par lui échapper et vivre de leur propre vie.

10. attacher (attribuer) de l'importance à *Bedeutung beimessen, Wert legen auf*
Les Gallois Waliser et les Ecossais attachent beaucoup d'importance à ce qu'on ne les désigne pas comme Anglais.
Il attache (attribue) toujours beaucoup d'importance à la ponctualité.

11. attirer l'attention sur *die Aufmerksamkeit lenken auf*
Dans son reportage, le journaliste attire l'attention du public sur les conditions sociales déplorables existant à New York et Détroit.

12. donner du poids à qc. *Gewicht, Bedeutung, Wichtigkeit verleihen, beimessen*
En apportant son soutien aux grévistes Streikenden, le député donna du poids à leurs revendications Forderungen.

13. faire prévaloir (imposer) ses idées *seine Ideen durchsetzen*
Pour faire prévaloir ses idées, il faut avoir une solide argumentation.

76 * In gleicher oder ähnlicher Bedeutung wie *noter* werden zusammen mit *il faut, on peut* oder mit einem modalen Futur auch andere Verben gebraucht, z. B. *souligner, faire remarquer, mettre l'accent sur, évoquer, rappeler, mentionner, envisager, ajouter à cela.*
Diese Wendungen bleiben oft unübersetzt. Sie dienen dazu, dem Satz eine kommunikative Struktur zu geben, d. h. das Neue, Wichtige der Aussage rechts vom Verb anzuordnen. Im Deutschen heißen die Sätze:
Ein weiteres Problem stellen die Randgruppen in unserer Gesellschaft dar./Als letzten Punkt möchte ich den Geburtenrückgang in diesem Land anführen.

Einen erklärenden Zusatz anfügen

77 **1. c'est-à-dire (que)**[1] *das heißt*
Il a pris une retraite anticipée, c'est-à-dire qu'il s'est arrêté de travailler un an plus tôt que prévu.
L'essence a augmenté de 10 centimes, c'est-à-dire de 1,6%.
Björn Borg n'a jamais réussi à gagner le «Grand Chelem», c'est-à-dire à remporter la même année les quatre plus grands tournois de tennis du circuit international.

2. à savoir *nämlich*
Ils ont deux voitures, à savoir une Opel et une Citroën.
On a entrepris un travail colossal, à savoir le percement Durchbruch d'un tunnel qui fera plus de 6 km de long.
Une seule idée animait dans les années cinquante tous les hommes politiques en Allemagne, à savoir celle d'une Europe unie.

3. soit *nämlich*
Il reste la moitié de l'essence dans le réservoir, soit 25 litres.

4. autrement dit *anders ausgedrückt*
Le fleuve a débordé, certaines routes ont été submergées überschwemmt, les sous-sols de nombreuses habitations envahis par les eaux standen unter Wasser, un pont a même été arraché; autrement dit, la situation est catastrophique.

5. en d'autres termes *mit anderen Worten*
Il ne s'entendait pas avec ses camarades de travail, se croyait brimé schikaniert par son patron, rouspétait schimpfte sans arrêt contre tout; en d'autres termes, c'était un éternel insatisfait.

---

[1] Folgt auf *c'est-à-dire* ein Satz, so wird dieser mit *que* eingeleitet. Folgt ein Satzglied, so hat es dieselbe grammatische Form wie das Satzglied, auf das es sich inhaltlich bezieht.
C'est-à-dire kann in bestimmten Sätzen durch *cela veut dire* ersetzt werden. Beide haben jedoch nicht die gleiche Bedeutung. Letzteres bedeutet *cela signifie* und kommt sehr viel seltener vor.

6. voire   *(ja) sogar*

Ses propos Worte pouvaient être très directs, voire irrespectueux respektlos.

7. c'est que[1]   *nämlich, doch*

Il ne parlait guère avec ses semblables Mitmenschen; c'est qu'il était assez misanthrope Menschenverächter.
Une chose est sûre, c'est que la réforme fiscale ne sera pas pour cette année.
Il faut dire une chose: c'est que cela ne peut pas continuer ainsi.
Une autre bonne raison de ne pas entreprendre ce voyage tout de suite, c'est que tu n'es pas en ce moment en bonne santé.

78 Anmerkung

Erklärende Zusätze können auch mit Hilfe des Doppelpunktes angefügt werden, insbesondere wenn es sich um Aufzählungen handelt. Dabei ist zu beachten: Deutsche Sätze wie «Die Vorteile dieser Maschine sind: der niedrige Preis, die Handlichkeit, der geringe Stromverbrauch.» können nicht wörtlich ins Französische übersetzt werden. Der Satz vor dem Doppelpunkt muß durch *les suivant(e)s, ceux-ci (celles-ci)* ergänzt werden. Er heißt dann: *Les avantages de cet appareil sont les suivants (ceux-ci): son prix modéré, ses facilités d'emploi, sa faible consommation électrique.*

Beispiele anführen; veranschaulichen

79   1. citer   *zitieren, als Beispiel anführen*

Quand on parle du théâtre classique français, on cite forcément en premier lieu les pièces de Corneille et de Racine.
On cite, à juste titre mit Recht, le projet de la fusée Ariane comme exemple de collaboration européenne sur le plan technologique.
A l'appui de mes dires Um das Gesagte zu untermauern, j'aimerais citer un passage des «Confessions» de Rousseau.
L'auteur cite un extrait du célèbre discours de J. F. Kennedy «To New Frontiers» qui lui semble caractéristique de la politique extérieure américaine des années 60.

2. nommer   *nennen, anführen*

Je peux nommer ici Sir Winston Churchill comme exemple d'Européen de la première heure.

3. servir d'exemple   *als Beispiel dienen*

Le cas de Sacharow peut nous servir d'exemple pour illustrer l'intolérance du régime russe.

4. prendre comme exemple   *als Beispiel nehmen*

Prenons comme exemple la situation économique des années 50.

5. constituer un exemple   *ein Beispiel darstellen*

Le petit Emmanuel ne constitue qu'un exemple parmi d'autres, d'enfant prodige Wunderkind.

6. donner comme exemple   *als Beispiel anführen*

Quand on parle d'hommes de génie, on donne souvent comme exemple Léonard de Vinci.

---

[1] *C'est que* bleibt im Deutschen oft unübersetzt.

7. emprunter un exemple à *ein Beispiel nehmen aus*
Pour étayer belegen sa thèse, l'auteur cite des exemples empruntés à la Renaissance italienne.

8. illustrer *illustrieren, (mit Beispielen) veranschaulichen*
Pour illustrer ma pensée, je citerai deux événements qui se sont passés tout récemment dans notre région.

Ausdrücke

80

1. par exemple *zum Beispiel*
Dans cet ordre d'idées in diesem Zusammenhang, je pense par exemple à la catastrophe de l'Amoco Cadiz.
Le Japon, par exemple, est un pays qui n'a longtemps misé que sur la croissance économique.
... auf das wirtschaftliche Wachstum gesetzt hat.

2. comme *wie (zum Beispiel)*
Une attitude comme celle de ces jeunes supporters Schlachtenbimmler, nuit schadet au football.

3. tel que *wie (zum Beispiel)*
Des thérapies telles que la psychanalyse exigent la participation active du patient.
J'aimerais l'an prochain refaire un voyage tel que celui que j'ai effectué cette année.

Texte gliedern

Texteröffnende Wendungen

81

1. pour commencer *zu Beginn, zunächst*
Je vais, pour commencer, résumer les idées principales du texte.

2. en commençant *zunächst, einleitend*
Nous devons noter, en commençant, que l'auteur est Breton et qu'il décrit les problèmes d'un point de vue très particulier.

3. en débutant *zunächst, einleitend*
Je souhaiterais, en débutant, replacer ce passage dans le contexte général de la pièce in den Gesamtzusammenhang des Stückes einordnen.

4. commencer par *zu Beginn, zunächst, einleitend*
Je voudrais commencer par rappeler le rôle joué par l'architecte Viollet-le-Duc au XIXe siècle dans la restauration de nombreux édifices.
J'aimerais commencer par énoncer aufführen les avantages qu'entraînerait une telle mesure.

5. en introduction *einleitend, zu Beginn*
En introduction, je tiens à mentionner qu'il s'agit, avec ce texte, d'un éditorial Leitartikel du Monde.

Weiterführende Wendungen

82 **1. en venir à** *dazu kommen, übergehen*
J'aimerais en venir à traiter plus spécialement de la forme de ce poème.
Venons-en maintenant à la partie centrale de notre exposé.

2. par la suite *im folgenden*
Je souhaiterais, par la suite, aborder l'aspect symbolique de la pièce.

3. maintenant *jetzt, nun*
Je voudrais maintenant revenir plus précisément sur certains points soulevés par l'auteur.
J'aimerais maintenant souligner l'importance de l'histoire dans cette tragédie.

4. passer à *übergehen zu*
Pouvons-nous maintenant passer à la deuxième partie du texte?

Beschließende Wendungen

83 **1. pour conclure, terminer** *abschließend, zum Schluß*
Pour conclure (terminer), on peut noter que sa passion pour le golf l'emportait sur tout ihm über alles ging.

2. en conclusion *zum Schluß*
On peut dire, en conclusion, que la politique française des années 60 était dans son ensemble très marquée par une image traditionnelle de la France.

3. en guise de conclusion *als Schlußbemerkung, zum Schluß*
En guise de conclusion, l'auteur constate que le soleil serait, bien sûr, pour nous, la source d'énergie idéale mais qu'il nous manque encore les moyens technologiques pour l'exploiter.

4. en terminant *abschließend, zum Schluß*
Le guide a ajouté, en terminant, que la visite du parc était libre.

5. en résumé *zusammenfassend*
On peut dire, en résumé, que la fusée Ariane représente un jalon Markstein important dans le développement de la technologie.

Lineare Gliederungselemente

84 **1. en premier lieu**
an erster Stelle, zunächst

Il y a toute une série d'arguments qui vont à l'encontre de l'aménagement d'un barrage-réservoir Bau eines Stausees: en premier lieu, se pose le problème du financement depuis que deux banques mesurant le risque de l'entreprise, se sont retirées.

2. ensuite
dann, danach, anschließend

Ensuite, on peut avoir des doutes sur la structure tectonique du sous-sol au vu des rapports géologiques aufgrund der geologischen Gutachten.

	3. **enfin** *endlich, schließlich*	Enfin, un tel projet ne serait pas sans nuire à l'esthétique Schönheit de l'un de nos plus beaux parcs naturels.
	4. **à cela s'ajoute** *dazu kommt*	A cela s'ajouteraient des problèmes humains: en effet, les habitants des deux villages qui devraient être évacués, se refusent absolument à quitter leur pays.
	5. **de plus** *außerdem, darüber hinaus*	De plus, les experts mettent en doute la rentabilité de ce projet.
	6. **en outre**	En outre, on parle, dans ce cas, d'une technologie dépassée dans l'approvisionnement énergétique Energieversorgung.
	7. **il faut ajouter à cela** *zu erwähnen ist noch*	Il faudrait ajouter à tout cela qu'on redoute un déséquilibre sur le plan écologique, à cause de l'abaissement du niveau de la nappe phréatique Grundwasserspiegels.
	8. **en dernier lieu** *an letzter Stelle, schließlich*	Il faut noter, en dernier lieu, qu'il y aurait des risques d'inondations Überschwemmungen dans les villages et les villes en aval de la retenue unterhalb des Stausees, en cas de violentes pluies.
84 a	9. **d'abord** *zuerst, zunächst* 10. **puis** *dann* 11. **après** *danach*	Les alpinistes empruntèrent d'abord un sentier qui s'enfonçait dans la forêt, puis, très vite, ils abordèrent la montagne proprement dite, après (quoi) ils aperçurent le sommet qu'ils comptaient atteindre dans l'après-midi.

Adversative Gliederungselemente

85 1. **d'une part . . . d'autre part**   *einerseits . . . andererseits*

Tu m'étonnes vraiment. D'une part, tu critiques sans arrêt notre société pour son injustice sociale, d'autre part, ceci ne t'empêche nullement de profiter au maximum des privilèges que t'offre ta situation de fils de famille als Sohn einer wohlhabenden Familie.
A mon avis, c'est un intellectuel type: d'une part, fasciné par les idées et les idéologies, d'autre part, complètement fermé à la réalité et indifférent à toute application pratique.
Le jugement de nombreuses personnes vis-à-vis des écologistes est ambigu. D'une part, ils admirent leur manière d'aborder directement les problèmes, d'autre part, nombreux sont ceux qui sont choqués par leur démarche Vorgehen anticonventionnelle.

2. **d'un côté . . . de l'autre**   *einerseits . . . andererseits*

D'un côté, il est heureux d'avoir trouvé une place à Lille, de l'autre, il regrette beaucoup de devoir quitter sa ville natale d'Avignon et son climat ensoleillé.
D'un côté, la médecine peut aujourd'hui soigner de très nombreuses maladies grâce aux médicaments, de l'autre c'est justement l'emploi de ces médicaments qui affaiblit les défenses naturelles du corps humain.

3. **d'un certain point de vue . . . de l'autre**   *einerseits . . . andererseits*

D'un certain point de vue, je comprends très bien votre envie de retravailler, de l'autre, je n'arrive pas bien à imaginer comment vous parviendrez encore à concilier cela avec vos tâches domestiques.

4. **d'ailleurs, du reste**   *übrigens*

D'ailleurs (Du reste), on se demande quels étaient les véritables motifs invoqués pour le refus de participation des Soviétiques aux Jeux Olympiques de Los Angeles.

5. d'autre part   *andererseits, übrigens*
Il objecta d'autre part, que les prix pratiqués dans cette station Ferienort lui paraissaient trop élevés.

Zahladverbien

86
Les avantages qu'on retirerait de l'aménagement de ce lac artificiel sont évidents :
1. **premièrement**   1° Les travaux se traduiraient par würden...bedeuten l'emploi de 5000 ouvriers pendant plusieurs années.
   erstens
2. **deuxièmement**   2° L'approvisionnement (énergétique) Energieversorgung de la région serait pour toujours garanti.
   zweitens
3. **troisièmement**   3° On pourrait implanter ansiedeln des industries.
   drittens
4. **quatrièmement**   4° Cela fournirait des emplois aux habitants de la région qui compte actuellement un taux de chômeurs au-dessus de la moyenne.
   viertens

Ausdrücke

87
1. **dès la première strophe**   *schon, bereits in der ersten Strophe*
Dès la première strophe de son poème «Le Lac», Lamartine aborde le thème de la fuite du temps vergehenden Zeit.

2. **au premier acte**   *im ersten Akt*
Au premier acte de la tragédie, l'auteur présente les personnages et indique quelles sont leurs relations les uns par rapport aux autres.

3. **dans le premier chapitre**   *im ersten Kapitel*
Dans le premier chapitre de son roman «La Peste», Camus décrit la ville d'Oran et la vie de ses habitants.

4. **dans la première partie**   *im ersten Teil*
Dans la première partie de «L'Etranger», Camus montre un Meursault vivant au jour le jour der in den Tag hineinlebt, sans se poser de grandes questions.

5. **au début de**   *zu Beginn, am Anfang*
Maupassant fournit presque toujours au début de ses contes Novellen une description très précise des conditions sociales dans lesquelles évoluent ses principaux personnages.
Au début de mon premier séjour en Angleterre, j'avais bien de la peine à comprendre ce qu'on me disait.

6. **au cours de**   *im Verlauf*
Au cours de la discussion, les esprits se sont échauffés et le ton est rapidement monté.

7. **à la fin de**   *am Ende, zum Schluß*
A la fin du roman, les malfaiteurs sont confondus überführt et tout est bien qui finit bien.

Den Stil kennzeichnen

88 Folgende Adjektive können zur Kennzeichnung des Stils eines Autors gebraucht werden. Sie kommen zusammen mit Wörtern und Ausdrücken vor wie

style/procédé/texte/langage/vocabulaire/mot/forme/expression/syntaxe/manière d'écrire/moyens d'expression/technique du langage/donner une peinture, une description/présenter sous une forme/écrire de telle ou telle manière/faire le portrait.

1. abstrait	*abstrakt, unanschaulich*		41. logique	*logisch*
2. adéquat	*passend*		42. lourd	*schwerfällig, plump*
3. alerte	*lebendig, flott*		43. lyrique	*lyrisch, gefühlvoll*
4. allusif	*andeutungsweise, anspielend*		44. moderne	*modern*
5. ampoulé	*schwülstig, hochtrabend*		45. moqueur	*spöttisch*
6. analytique	*analytisch*		46. narratif	*erzählend*
7. approprié	*angemessen, passend*		47. neutre	*neutral, farblos*
8. brillant	*glänzend*		48. objectif	*objektiv*
9. caricatural	*karikaturistisch, verzerrt*		49. original	*originell*
10. chimérique	*trügerisch, phantastisch*		50. paradoxal	*paradox*
11. clair	*klar*		51. personnel	*persönlich*
12. classique	*klassisch*		52. persuasif	*überzeugend*
13. compliqué	*verwickelt, schwer verständlich*		53. pittoresque	*bildhaft, anschaulich*
14. concis	*prägnant*		54. poétique	*dichterisch, lyrisch*
15. concret	*konkret, anschaulich*		55. précis	*präzise*
16. coulé	*flüssig*		56. propre	*treffend, passend*
17. dense	*gedrängt, dicht*		57. ramassé	*knapp, gedrängt*
18. descriptif	*beschreibend*		58. réaliste	*realistisch*
19. détaillé	*ausführlich*		59. romanesque	*schwärmerisch, romanhaft*
20. direct	*direkt*		60. romantique	*romantisch*
21. dramatique	*dramatisch*		61. rythmé	*rhythmisch*
22. emphatique	*nachdrücklich*		62. saccadé	*abgehackt*
23. engagé	*engagiert*		63. scientifique	*wissenschaftlich*
24. enlevé	*lebhaft, schwungvoll*		64. sentimental	*sentimental, übertrieben*
25. épique	*episch*		65. simple	*einfach*
26. ésotérique	*esoterisch, schwer zugänglich*		66. sobre	*nüchtern, schmucklos*
27. évocateur	*anschaulich*		67. spécial	*besondere(r, -s), Spezial-*
28. excessif	*übertrieben*		68. spécifique	*eigen, spezifisch*
29. familier	*umgangssprachlich*		69. subjectif	*subjektiv*
30. fantaisiste	*unkonventionell, frei erfunden*		70. suggestif	*suggestiv*
31. fantastique	*phantastisch, unwirklich*		71. surchargé	*überladen*
32. général	*allgemein*		72. symbolique	*symbolisch*
33. hâché	*abgehackt*		73. technique	*fachlich, Fach-*
34. heurté	*abgehackt, kontrastreich*		74. utopique	*utopisch, unwirklich*
35. humoristique	*humoristisch*		75. vague	*vage, undeutlich*
36. imagé	*bildhaft*		76. vif	*heftig, scharf*
37. imprécis	*ungenau, verschwommen*		77. visionnaire	*visionär, seherisch*
38. inégal	*ungleich, unausgeglichen*		78. vivant	*lebendig*
39. ironique	*ironisch*		79. vulgaire	*vulgär, ordinär*
40. juste	*richtig, treffend*			

II. Wortfelder zur diskursiven Gedankenentwicklung

Ursache, Grund

89 **1. causer** *verursachen*
Cette panne à l'étranger nous a causé bien du tracas Ärger.

2. provoquer *hervorrufen, auslösen*
Qu'est-ce qui provoqua cette crise?

3. motiver *motivieren, Grund sein für*
On a de la peine à motiver cet enfant.
Pourriez-vous m'expliquer ce qui a motivé votre brusque changement d'avis?

4. amener à faire qc. *veranlassen, etw. zu tun*
L'instabilité de la situation politique l'amena à placer à l'étranger une partie de sa fortune.

5. conduire à faire qc. *dazu bringen, etw. zu tun*
Qu'est-ce qui a conduit, à votre avis, les Français à élire en 1981 un Président socialiste?

6. inciter à faire qc. *antreiben, veranlassen, etw. zu tun*
Qu'est-ce qui t'a incité à modifier tes projets?

7. pousser à faire qc. *den Anstoß geben, veranlassen, etw. zu tun*
Le mauvais temps persistant sur l'Atlantique nous poussa à aller au bord de la Méditerranée.

8. occasionner *herbeiführen*
C'est un court-circuit Kurzschluß qui a occasionné l'incendie.

9. être dû à qc. *von etw. herrühren, verursacht sein durch*
Sa nervosité est due essentiellement à ses trop fréquentes insomnies.

10. tenir à qc. *von etw. herrühren*
Son succès tient principalement à son esprit d'initiative et à son audace.
L'une des raisons sérieuses de l'engagement des Alsaciens en faveur de l'Europe tient certainement à leur bilinguisme.

90 **11. attribuer à qn., qc.** *jm., einer Sache zuschreiben, zuschieben*
On ne peut attribuer ce déraillement Entgleisung des Zuges qu'à une erreur de signalisation.

12. remonter à qc. *auf etw. zurückgehen*
Sa prédilection Vorliebe pour les vins français remonte à l'époque de sa captivité Gefangenschaft en France.

13. être à mettre au (sur le) compte de qn., qc.	*auf das Konto von jm., etw. gehen*

Ces erreurs répétées sont à mettre au compte de ton étourderie Leichtsinn.

14. venir du fait que	*davon herrühren, daß*

La situation venait du fait que chacun se croyait dans son bon droit.

15. provenir du fait que	*davon herrühren, daß*

La nervosité de cet enfant provient du fait qu'il veille beaucoup trop viel zu spät ins Bett geht.

16. se fonder (être fondé) sur qc.	*sich auf etw. gründen*

Le succès du sportif de haut niveau se fonde sur un entraînement intensif et une grande autodiscipline.

17. se baser (être basé) sur qc.	*sich auf etw. gründen*

Son optimisme est basé sur sa croyance dans le caractère foncièrement bon de l'être humain.

18. reposer sur qc.	*auf etw. beruhen*

La considération dont il jouit dans le groupe, repose sur le fait qu'il est toujours d'humeur égale.

19. résider dans qc.	*in etw. begründet liegen, in etw. bestehen*

Sa force réside dans sa capacité à rester calme en toutes circonstances.
L'une des raisons de ses fréquentes absences réside certainement dans son manque d'intérêt pour ce genre de travail.

20. être à l'origine de qc.	*für etw. Ursache sein*

L'été froid et pluvieux est à l'origine de la mauvaise récolte de cette année.

21. avoir son origine dans qc.	*seine Ursache, seinen Ursprung in etw. haben*

De nombreuses maladies psychiques ont leur origine dans une enfance malheureuse.

22. la raison de (sa venue, sa tristesse par ex.)	*der Grund (z. B. für sein Kommen, seine Traurigkeit)*

Je ne peux toujours pas m'expliquer la raison de son brusque départ.

23. la cause de	*die Ursache, der Grund für*

La principale cause du déclenchement de la 2e guerre mondiale fut la volonté d'hégémonie Wille zur Vorherrschaft de Hitler en Europe.

24. la raison pour laquelle	*der Grund dafür, daß*

Je ne connais pas les raisons pour lesquelles il a refusé notre invitation.

25. pour quelle raison	*aus welchem Grund*

Je ne saurais vous dire pour quelle raison il est parti aux Etats-Unis.

26. pour des raisons	*aus Gründen*

Pour des raisons de tactique politique, il ne prit pas position sur cette question.

27. (avoir) des raisons pour faire qc.   *Gründe (haben), etw. zu tun*
Ceci constitue une raison de plus pour ne pas accepter une telle attitude.

28. il y a des raisons pour que   *es gibt Gründe dafür, daß*
Il y avait de nombreuses raisons pour que nous agissions de la sorte.

29. l'une des raisons (causes) en est   *ein Grund (dafür) ist, daß*
L'automatisation du travail est évidemment l'une des causes du chômage dans les pays fortement industrialisés.
Le lancement de la fusée a dû être différé de plusieurs heures ; l'une des raisons en est l'évolution des conditions atmosphériques.

30. l'un des motifs est   *ein Motiv, ein Beweggrund ist*
L'un des motifs avancés pour justifier le mouvement de protestation était celui de la mise à la retraite anticipée de certains ouvriers.

31. les raisons (causes) en sont   *die Gründe sind*
– Pourquoi voyagez-vous toujours par le train ?
– Les raisons en sont les suivantes : tout d'abord, nous n'avons plus de voiture, ensuite, nous avons droit, étant donné notre âge, à des réductions sur les billets, enfin et surtout, c'est le moyen de transport le plus sûr à l'heure actuelle.

Konjunktionen

92

1. comme   *da*
Comme tu m'as menti, je n'ai plus confiance en toi.
Comme je ne connais pas tes intentions, je ne peux guère me prononcer sur ce sujet.

2. parce que   *weil*
J'ai choisi ce parti politique parce que je suis d'accord avec son programme.
J'ai signé cette motion Resolution parce que je trouve que les revendications Forderungen qu'elle contient sont justifiées.

3. car   *denn*
Nous avions décidé de manger sur la terrasse, car le temps était magnifique.

4. puisque   *da (ja)*
Puisque vous ne connaissez pas encore la région de Dijon, je me propose habe ich vor de vous la faire visiter demain.

5. c'est que   *(deshalb), weil*
Si j'ai proposé d'aller à Fontainebleau, c'est que je pensais que vous aimeriez visiter le château.

6. ce n'est pas que   *nicht (deshalb), weil ; nicht als ob*
Ce n'est pas que je veuille t'empêcher d'aller en Yougoslavie ; simplement le moment me paraît mal choisi pour ce voyage.

Adverb

92 a en effet　　　　　　　　　　*nämlich (= denn, da, weil)*

Je me suis décidé pour cette voiture; je trouve en effet que c'est l'une des meilleures dans sa catégorie.
Je lis régulièrement ce magazine; je suis en effet persuadé qu'il offre plus d'informations que beaucoup d'autres.
Il va poser sa candidature sich bewerben pour une place en Arabie Saoudite; il est en effet certain qu'un séjour à l'étranger lui servira plus tard dans sa carrière.
Il a annulé tous ses rendez-vous d'affaires geschäftlichen Termine; en effet, il ne se sent pas bien depuis quelques jours.

Präpositionale Wendungen

93　**1. à cause de**　　　　　　　　*wegen*

L'aéroport fut évacué pendant plusieurs heures à cause d'une alerte Alarm à la bombe.
La circulation était fortement ralentie à cause de travaux en cours.
Toutes les voitures de ce type ont dû être renvoyées à l'usine à cause d'un défaut de fabrication.

2. du fait de　　　　　　　　　　*wegen, infolge*

Du fait des structures fédérales, la vie culturelle en province est, à mon avis, plus animée en Allemagne qu'en France.
La construction de cet avion a été suspendue du fait de la baisse de la demande.
Il est issu d'une famille nombreuse et de ce fait, s'entend très bien avec les enfants et les adolescents.

3. en raison de　　　　　　　　　*aufgrund von, wegen*

Il a renoncé à poser sa candidature en raison des reproches qui lui avaient été faits dans la presse.
Nombreux sont les sportifs de renommée internationale qui résident à Monaco en raison des facilités fiscales steuerlichen Vorteile qu'offre la Principauté.
J'apprécie beaucoup cet écrivain en raison de ses facultés d'analyse.

4. pour　　　　　　　　　　　　　*wegen*

Nous n'allons tout de même pas nous disputer pour si peu.
Tu ne peux tout de même pas me faire de reproches pour cela.
Comment peut-on se vexer beleidigt sein pour une telle bêtise?

5. de par　　　　　　　　　　　　*von . . . aus; aufgrund*

De par sa naissance, Churchill appartenait à la grande noblesse.
De par son comportement, il pourrait être Américain.

6. à l'occasion de　　　　　　　　*anläßlich*

Des cérémonies eurent lieu à Paris à l'occasion du vingtième anniversaire de la signature du traité franco-allemand.
A l'occasion de la foire industrielle Industriemesse au Japon, le ministre de l'Economie allemande a sollicité verlangte dringend une ouverture du marché japonais aux produits de son pays.

7. lors de *anläßlich, bei*

Lors de notre séjour à Paris, nous avons, entre autres choses, assisté à une représentation de la Comédie Française.
Lors du voyage du Président de la République en Normandie, il y a eu dans de nombreuses villes des manifestations d'agriculteurs mécontents.

8. sous couleur de *unter dem Decknamen, unter dem Vorwand*

Sous couleur de culture biologique biologisch angebaut worden zu sein, on vend parfois au prix fort des produits de moindre qualité.

9. sous (le) prétexte de, que *unter dem Vorwand*

Il a refusé l'invitation sous prétexte d'un rendez-vous d'affaires.
Il est resté à la maison, sous prétexte qu'il avait attrapé la grippe.

Folge

94 **1. il en résulte que** *daraus ergibt sich, folgt, daß*

Le principe de base du gouvernement est celui de la non-ingérence Nichteinmischung dans les affaires des Etats étrangers. Il en résulte qu'il s'imposera sich auferlegen wird la plus grande réserve dans cette affaire.

2. il s'ensuit que *daraus ergibt sich, folgt, daß*

Elle s'était foulée la cheville Knöchel verstaucht, il s'ensuivit qu'elle ne put pas participer au tournoi de son club.

3. entraîner *nach sich ziehen, zur Folge haben*

Notre situation financière critique entraînera obligatoirement des restrictions budgétaires.

4. aboutir à qc. *zu etw. führen*

Il n'est pas rare que la croissance économique aboutisse à une diminution de la qualité de la vie.

5. découler de qc. *sich aus etw. ergeben*

Vos travaux se basant sur des données Daten incomplètes, les résultats qui en découlent ne pourront être qu'approximatifs.

6. faire que *bewirken, daß*

Cette décision judiciaire fera probablement que les lois sur la drogue seront appliquées avec plus de rigueur.

95 **7. avoir pour conséquence** *zur Folge haben*
   (pour effet, pour résultat)

Le protectionnisme économique a souvent pour conséquence de ne plus rendre concurrentielle sur le plan mondial l'industrie du pays en cause betroffene.

8. l'une des conséquences (en) est *eine Folge ist*
L'une des conséquences de cette conception est que certains jeunes gens préfèrent tâter de ausprobieren plusieurs activités avant de se décider finalement pour une profession.

9. l'un des résultats (en) est *ein Ergebnis, eine Folge ist*
L'un des résultats importants de ces conversations a été la suppression du contrôle d'identité aux frontières entre l'Allemagne et la France.

10. subir les conséquences de *die Folgen auf sich nehmen*
Il est certain qu'il subira plus tard les conséquences de sa désinvolture Leichtsinns actuelle.

11. les conséquences en sont *die Folgen sind*
Les conséquences de ces décisions sont absolument imprévisibles.

12. entraîner des conséquences *Folgen nach sich ziehen, haben*
Vous êtes responsable de cette décision et de toutes les conséquences qu'elle pourra entraîner (qui en découleront).

13. (en) tirer les conséquences *die Konsequenzen aus einer Sache ziehen*
Voilà les conséquences que l'on peut tirer de la politique menée dans les années 60.

14. les suites de *die Folgen von*
Il est mort des suites d'un accident du travail.

Adjektiv

95 a (être) consécutif à *die Folge sein von*
Ses maux d'yeux sont consécutifs à un accident survenu en montagne.

Konjunktionen

96 **1. de sorte que** *so daß*
Ils n'ont pris que trois semaines de vacances en été, de sorte qu'il leur en restera deux pour aller faire du ski cet hiver.

2. si bien que *so daß*
J'étais plongé dans ma lecture si bien que je ne me suis pas aperçu que la nuit était tombée.

3. à ce (tel) point que *so sehr, daß*
La nouvelle m'avait à ce point surpris que je ne savais plus où j'en étais.
A cette époque, son père l'intimidait à tel point, qu'en sa présence, il était toujours mal à l'aise.

4. tellement ... que *so sehr ..., daß*
Tu considères tellement les choses uniquement de ton point de vue que tu es incapable de comprendre les autres.
Nous avons tellement tardé que nous avons fini par manquer une belle occasion.

LE NOUVEAU BESCHERELLE

L'art de conjuguer

Dictionnaire de douze mille verbes.
Für das deutsche Sprachgebiet bearbeitet von Dieter Langendorf.
V + 280 S., geb.   DM 16,80 (6771)

Enthält 82 Konjugationstabellen von Musterverben, nach denen sich die Formen aller übrigen Verben richten. Alle Verbeinträge im alphabetischen Teil sind mit Konjugationsverweisen und den deutschen Übersetzungswörtern versehen.

L'art de l'orthographe

Les 26 pièges de l'orthographe. Lexique de 2000 homonymes.
Dictionnaire orthographique. 191 S., geb.   DM 18,80 (6772)

Für jeden unentbehrlich, der in der französischen Sprache schreibt und dabei mit den Tücken der Rechtschreibung konfrontiert wird.

La grammaire pour tous

Dictionnaire de la grammaire française en chapitres. 319 S., geb.   DM 18,80 (6783)

Eine Lern- und Nachschlagegrammatik für Fortgeschrittene. In einfacher und anschaulicher Sprache gibt sie Auskunft in Fragen der grammatischen Terminologie, erläutert Satzanalyse und Funktion der Wortarten im Satz und antwortet auf praktische Probleme der französischen Grammatik.

Diesterweg

Hiermit bestelle ich:

LE NOUVEAU BESCHERELLE

...... **L'art de conjuguer**
V + 280 S.   DM 16,80 (6771)

...... **L'art de l'orthographe**
Les 26 pièges de l'orthographe. Lexique de 2000 homonymes.
Dictionnaire orthographique. 191 S.   DM 18,80 (6772)

...... **La grammaire pour tous**
Dictionnaire de la grammaire française en 27 chapitres. 319 S. DM 18,80 (6783)

...... **Französische Grammatik**
VIII + 244 S.   DM 19,80 (6723)

...... **Übungen.** 127 S.   DM 13,80 (6725)

Datum   Unterschrift

Die angegebenen Preise verstehen sich ggf. zuzüglich Versandkosten und Nachnahmegebühren.

Preisstand: 1. 1. 1986 · Änderungen vorbehalten · Bitte Absenderangaben auf der Rückseite nicht vergessen!

Ein systematisch gegliedertes Lern- und Nachschlagewerk mit lehrbuchunabhängiger Konzeption:

Französische Grammatik

Von Joachim Haas und Danielle Tanc.
VIII + 244 S., Zweifarbendruck, geb.   DM 19,80 (6723)
Übungen. 127 S., brosch.   DM 13,80 (6725)

Die »**Französische Grammatik**« ist lehrbuchunabhängig konzipiert und für Schüler geeignet, die ihre bereits vorhandenen Grundkenntnisse in der französischen Sprache erweitern und vertiefen möchten. Eine differenzierende Gliederung innerhalb der einzelnen Kapitel erlaubt es, diese Grammatik auf verschiedenen Klassenstufen einzusetzen.

Die »**Übungen**« enthalten Aufgaben zu allen wichtigen grammatischen Kapiteln. Dabei wird jeweils dem Übungstyp der Vorzug gegeben, der die zu erlernende grammatische Besonderheit optimal erfaßt.

Ein Teil der Übungen ist auf »**Compact-Cassetten**« (Information dazu auf Wunsch) aufgenommen. Sie können gezielt im Sprachlabor eingesetzt werden, eignen sich aber ebenso für das individuelle Lernen zu Hause.

Diesterweg

Name _____

Vorname _____

Straße _____

PLZ, Ort _____

Meine Buchhandlung: _____

Datum: _____ Unterschrift: _____

POSTKARTE

Bitte Postkarten-Porto

Verlag
Moritz Diesterweg
Postfach 110651

D-6000 Frankfurt 1

5. tant de + subst. **que**   *so viel(e)* + *Subst., daß*
J'ai tant de choses à faire que je ne sais par où commencer.

6. tant + verbe **que**   *so sehr (viel)* + *Verb, daß*
Il avait tant travaillé que sa santé s'en dégrada.

7. si + adjectif (adverbe) **que**   *so* + *Adj. (Adverb), daß*
Son ambition professionnelle est si grande que tout le reste lui paraît secondaire.
A la vue de la mer, sa joie fut si grande qu'il resta planté là de longues minutes, sans pouvoir prononcer une parole.
Il a vécu si longtemps à l'étranger qu'il a de la peine à se réhabituer à son pays.

Adverbien und adverbiale Wendungen

97

1. donc   *folglich, daher, also*
Simone avait tout à coup attrapé de la fièvre; on appela donc le médecin.
Si j'ai bien compris, vous ne viendrez donc pas faire cette randonnée avec nous.

2. c'est pourquoi   *deshalb*
Nous avons tous deux un goût marqué pour la littérature moderne; c'est pourquoi nous nous entendons si bien.

3. ainsi + inversion   *folglich*
Il a été reconnu apte à effectuer son service militaire; ainsi doit-il interrompre ses études pour accomplir ce temps de service.

4. c'est ainsi que   *folglich*
Les Français ont un sens très aigu sehr ausgeprägten Sinn de la souveraineté nationale; c'est ainsi qu'ils ne se laissent imposer de directives ni par les Américains ni par les Russes en ce qui concerne leur force de frappe.

5. aussi + inversion   *folglich*
C'est un esprit absolument apolitique; aussi ne s'engagera-t-il sûrement jamais dans aucune organisation politique.

6. par conséquent   *folglich*
C'est un homme d'affaires confirmé erfahrener; par conséquent, il ne s'engagera certainement pas dans une aventure aussi risquée.

7. en conséquence   *folglich*
Les formalités de douane sont simplifiées; en conséquence, les temps d'attente sont réduits aux postes frontières.

8. d'où (sans verbe)   *daher, daraus (+ Verb)*
Il a une attitude arrogante, d'où daraus erklärt sich une certaine antipathie de la part de ses collègues pour lui.

9. ne ... pas pour autant *deshalb nicht*
Ce peuple est besogneux fleißig et vit chichement kärglich; il n'est pas pour autant malheureux; au contraire, on ne voit partout que des visages gais et épanouis.

Präpositionale Wendungen

98 **1. à la suite de** *infolge, im Anschluß an*
A la suite des restructurations Umstrukturierung en vue d'une production entièrement automatisée, l'entreprise dut licencier un tiers de son personnel.
A la suite des grèves de plusieurs semaines, le bilan du commerce extérieur a chuté de 30%.
L'autoroute Marseille-Lyon fut bloquée plusieurs heures à la suite d'un grave accident.

2. par suite de *infolge, wegen*
Par suite d'un violent orage, le quartier se trouva privé d'électricité pendant un bon quart d'heure.

Absicht, Zweck, Ziel

99 **1. projeter de faire qc.** *planen, vorhaben, etw. zu tun*
Elle projette d'aller passer un an en Angleterre après son bac.

2. envisager de faire qc. *vorhaben, daran denken, etw. zu tun*
Ils envisagent de mettre leur fils dans un lycée franco-allemand.

3. se proposer de faire qc. *beabsichtigen, etw. zu tun*
Il se propose de consacrer à l'avenir plus de temps à sa famille.

4. viser à qc., à faire qc. *auf etw. abzielen, bezwecken*
Ces mesures visent à une amélioration des conditions de travail.
Ce film vise à éclairer sous un jour nouveau les années 70.

5. être destiné à qc., à faire qc. *für etw. bestimmt sein; bestimmt sein, etw. zu tun*
L'argent de cette collecte est destiné à venir en aide aux enfants du Tiers-Monde.

6. chercher à faire qc. *danach trachten, etw. zu tun*
Il cherche par tous les moyens à réaliser son projet.

7. compter faire qc. *damit rechnen, beabsichtigen, etw. zu tun*
Il compte pouvoir quitter l'hôpital dans quinze jours.
Nous comptons bien le faire changer d'avis.

8. entendre faire qc. *etw. tun wollen, verlangen, erwarten*
J'entends décider seul de mon avenir.

9. penser faire qc. *beabsichtigen, gedenken, etw. zu tun*
Que penses-tu faire de cet argent?

100

10. avoir l'intention de *die Absicht haben*
Elle a l'intention de se faire mettre en congé sich beurlauben zu lassen un an pour élever son enfant.

11. avoir pour but de *zum Ziel haben, bezwecken*
Les aménagements effectués dans les vignes, ont pour but d'améliorer le rendement.

12. se fixer un but, pour but (objectif) *sich ein Ziel setzen*
Il s'est fixé un objectif (but) trop élevé.
Les signataires du traité de Rome de 1957 s'étaient fixé pour but de créer une Europe unie.

13. atteindre un objectif (but) *ein Ziel erreichen*
Nous n'avons malheureusement pas atteint le but (l'objectif) que nous nous étions fixé au début de l'année.

14. poursuivre un but *ein Ziel verfolgen*
J'ignore quel but elle poursuit en agissant ainsi.

15. chercher à atteindre un objectif (but) *ein Ziel zu erreichen versuchen*
Il ne faut jamais chercher à atteindre plusieurs objectifs (buts) à la fois.

16. arriver à ses fins *sein Ziel erreichen*
Tous les moyens lui semblent bons pour arriver à ses fins.

17. avoir en vue qc. *etwas vorhaben, ins Auge fassen*
La commune avait acquis le terrain depuis des années déjà, car elle avait en vue l'agrandissement des installations sportives existantes.

18. réaliser un projet *einen Plan verwirklichen*
Il a toujours eu à cœur de réaliser seul les projets qu'il avait élaborés ausgearbeitet hatte.

Adjektive

101

1. intentionnel *absichtlich*
Ceci n'est pas arrivé par hasard, c'était intentionnel.

2. volontaire *absichtlich*
Cette remarque m'a échappé; elle n'était pas du tout volontaire.

75

Konjunktionen

102   **1. pour que (afin que)**   *damit, daß*

Je te laisse mon numéro de téléphone pour que tu puisses m'appeler en cas de besoin.
Pour que (Afin que) l'entreprise réussisse, il faut le concours Mithilfe de tous.
Je t'écris cela pour que (afin que) tu puisses te faire une idée de ce qui t'attend ici.

2. de peur que . . . (ne)   *damit nicht; aus Furcht, daß*

Tu me dis cela de peur que je me fasse trop de souci.
L'enfant a inventé une histoire de peur que ses parents ne le punissent. (. . . de peur d'être puni par ses parents.)

3. de crainte que . . . (ne)   *damit nicht; aus Furcht, daß*

Il fit installer un système d'alarme chez lui, de crainte que sa collection de tableaux ne lui soit dérobée gestohlen.

Präpositionale Wendungen

103   **1. dans (avec) l'intention de**   *in der Absicht*

Il quitta son pays avec la ferme intention de ne plus y revenir.
Il venait la voir dans (avec) l'intention de se réconcilier avec elle.

2. dans le but de   *in der Absicht*

La commune acheta un vieux château dans le but d'y installer un foyer de jeunes travailleurs.
Les chefs de gouvernements se sont réunis dans le but d'examiner les questions les plus brûlantes de l'actualité.

3. à cette fin   *zu diesem Zweck, deshalb*

J'aimerais avoir votre avis avant de prendre une décision; je vous adresse donc, à cette fin, tous les éléments du dossier dont je dispose.

4. au bénéfice de   *zugunsten*

Le choix de l'étude d'une langue étrangère se fait nettement au bénéfice de l'anglais actuellement.

5. au profit de   *zugunsten*

Cette kermesse Wohltätigkeitsfest sera donnée au profit des œuvres de la commune Sozialwerks der Gemeinde.
Peu de temps avant sa mort, il avait modifié son testament au profit de sa plus jeune fille.

6. en faveur de   *zugunsten*

Le détenteur du Prix Nobel Nobelpreisträger en appelle dans son discours aux riches nations industrielles pour qu'elles renoncent à certains de leurs privilèges en faveur (au profit) des peuples du Tiers-Monde.

Gegensatz

104

1. s'opposer à qc. *sich etw. entgegenstellen, widersetzen*
Rien ne s'oppose à sa réélection.

---

2. être (se trouver) confronté à qc. *mit etw. konfrontiert sein*
Nous nous sommes trouvés soudain confrontés à des problèmes auxquels personne n'avait pensé jusque-là.

---

3. contraster avec qc. *zu etw. im Gegensatz stehen*
Son attitude calme contraste avec la fébrilité Hektik qui règne dans son entourage.

---

4. jurer avec *nicht zueinander passen, sich beißen* (in bezug auf Farben)
Ce bleu jure avec la teinte Farbton des meubles.

---

5. trancher avec qc. *von etw. abstechen, sich stark abheben*
Le ton du dernier orateur trancha avec celui des parlementaires qui l'avaient précédé.

---

6. être en opposition avec qc. *zu etw. im Gegensatz stehen*
Ce parti politique s'engage maintenant dans la voie du développement du nucléaire ce qui est en complète opposition avec ses conceptions antérieures.

---

7. être en contradiction avec qc. *zu etw. im Widerspruch stehen*
Ses paroles sont en contradiction totale avec ses actes.

---

8. prouver le contraire *das Gegenteil beweisen*
Je lui ai dit qu'il avait eu tort et il n'a pas pu me prouver le contraire.

---

9. soutenir le contraire *das Gegenteil behaupten, vertreten*
Aujourd'hui, il soutient exactement le contraire de ce qu'il affirmait hier.

---

10. aller à l'encontre de qc. *etw. widersprechen, zu etw. im Gegensatz stehen*
Les résultats de cette élection nous ont tous surpris, car ils vont tout à fait à l'encontre de nos prévisions.
Ce que tu me dis là, va à l'encontre de tous les principes qui m'avaient été inculqués eingetrichtert.
L'affirmation selon laquelle les femmes sont bien plus endurantes ausdauernd que les hommes va à l'encontre d'une idée largement répandue.

---

11. former un contraste avec qc. *zu etw. einen Gegensatz bilden*
Ses récentes déclarations forment un contraste saisissant avec les précédentes.

---

12. constituer un contrepoids à qc. *zu etw. ein Gegengewicht bilden*
La nature calme de sa femme constitue un contrepoids à son tempérament fougueux stürmischen.

Adjektive

105 **1. divergent** *gegensätzlich, abweichend*
L'économie a abouti, dans nos deux pays, à des résultats divergents. ... hat ... zu gegensätzlichen Ergebnissen geführt.

2. (être) contraire à qc. *entgegengesetzt (sein), zu etw. im Gegensatz stehen*
Ce résultat est contraire à tous les pronostics.

3. (être) opposé à qc. *entgegengesetzt (sein), gegen eine Sache sein*
Je suis personnellement tout à fait opposé à ce genre d'initiatives.
En politique, nous sommes d'avis opposé (d'un point de vue diamétralement opposé).

4. incompatible *unvereinbar*
Ta manière d'agir est incompatible avec les ambitions que tu nourris.

5. inconciliable *unversöhnlich*
Là, s'opposent deux conceptions absolument inconciliables.

6. inverse (de) *umgekehrt, entgegengesetzt*
Cette mesure a eu des effets exactement inverses de ceux qu'on attendait.

7. différent *verschieden, unterschiedlich*
J'ai un point de vue bien différent sur la question.

Konjunktionen

106 **1. alors que** *während*
Alors que cela ne semble rien te faire, moi, cela me désespère.
Alors que l'Europe occupait jusqu'à la deuxième guerre mondiale une place centrale dans le monde, elle court maintenant le danger de se voir écrasée entre les deux blocs formés par les Etats-Unis et l'URSS.

2. tandis que *während*
Tandis que dans les années 50 et 60 régnait le plein emploi en Allemagne, il y a aujourd'hui deux millions de chômeurs.
Tandis qu'il y a quelques années encore foisonnaient ici les faisans et les lièvres von Fasanen und Hasen wimmelte, aujourd'hui, ils ont presque complètement disparu.

Adverbiale Wendungen

107 **1. au contraire**   *im Gegensatz dazu, ganz im Gegenteil*

On considérait récemment encore ce médicament comme tout à fait inoffensif harmlos, aujourd'hui au contraire, il est sur la liste des produits retirés de la vente libre.

Les produits de cette maison sont absolument inconnus sur le continent; en Angleterre, au contraire, ils dominent le marché.

Le début de la pièce est riche en action et en tension; par la suite, au contraire, l'action se perd dans des monologues sans fin.

2. par contre   *dagegen*

Un traitement aux rayons est à écarter kommt nicht in Frage; par contre, une intervention chirurgicale est envisageable.

Le motif de ce tableau me plaît; par contre, les couleurs me paraissent trop criardes schreiend et mal assorties schlecht aufeinander abgestimmt.

La grotte de Lascaux n'est plus ouverte au public; par contre, on peut encore admirer les peintures murales dans la reproduction très fidèle qui en a été faite.

3. en revanche   *dagegen*

Cette coutume est complètement inconnue ici; en revanche, elle est très répandue dans le sud-ouest de la France.

Il ne s'est jamais intéressé à la littérature; en revanche, il possède des connaissances étonnantes en peinture.

L'action de ce film est intéressante; le jeu des acteurs, en revanche, me semble maniéré et outrancier gekünstelt und übertrieben.

Präpositionale Wendungen

108 **1. contrairement à**   *im Gegensatz zu*

Contrairement à toutes les prévisions, l'économie n'a connu au printemps aucun essor Aufschwung.

Contrairement aux indications de la brochure publicitaire, cette voiture consomme plus de 10 l aux 100.

Contrairement aux affirmations des autorités, on a relevé aux alentours Umgebung de l'usine atomique une radioactivité supérieure à la norme.

2. à l'opposé de   *im Gegensatz zu*

A l'opposé de ses amis, il se décida en 1933 à émigrer.
A l'opposé de ce point de vue, on trouve celui des écologistes.

3. à la différence de   *im Unterschied zu*

A la différence de la Grande Bretagne et de la France, l'Allemagne ne possède pas de territoires d'outre-mer überseeische Gebiete.

A la différence du Président de la République Française, le Président de l'Allemagne Fédérale ne dispose d'aucun pouvoir réel.

4. à l'inverse de *im Gegensatz zu*
A l'inverse de ses amies, elle dépense pas mal d'argent pour ses vêtements.

5. au détriment de *auf Kosten von, zum Schaden*
La croissance économique à tout prix se fait au détriment de la qualité de la vie.

6. aux dépens de *auf Kosten von*
Tu t'amuses aux dépens des autres.

7. au lieu de *anstatt*
Au lieu de critiquer, tu ferais mieux d'essayer d'arranger cela toi-même.
Au lieu de prendre sans arrêt des comprimés Tabletten, tu devrais essayer de vivre plus sainement.

Einschränkung, Gegengrund

109

1. admettre *zugeben, einräumen*
L'automobiliste admit qu'il n'avait pas assez ralenti en arrivant au feu rouge.

2. concéder *zugestehen, einräumen*
Je vous concède que c'est une personne très exigeante.

3. se montrer (être) réservé *sich reserviert zeigen*
Le conseil municipal s'est montré réservé face aux nouveaux projets.

4. faire des concessions *Kompromisse schließen, Zugeständnisse machen*
Seriez-vous prêt à faire des concessions pour régler le plus rapidement possible ce problème?

5. apporter des restrictions *Einschränkungen machen*
Voilà un point sur lequel je serai amené à apporter certaines restrictions.

6. émettre (faire) des réserves (sur) *Einwände machen, Vorbehalte geltend machen*
Il a émis quelques réserves sur la valeur de ces mesures.

7. trouver (en arriver à) un compromis *einen Kompromiß finden*
Il a été difficile de trouver un compromis étant donné la situation.

Konjunktionen

110

1. bien que *obgleich, obwohl*
Bien que l'Italien Berlinguer ait été un communiste convaincu, il conservait ses distances par rapport à Moscou.
Bien que tous ses amis le lui aient déconseillé, il a abandonné sa profession pour se lancer dans la vie politique.

2. quoique *obgleich, obwohl*

Quoique tous les experts économiques l'en aient dissuadé davon abrieten, le gouvernement vient d'augmenter la TVA de 1%.
Quoique la pièce ait connu dans le public un succès monstre, la critique l'a boudée abgelehnt.

3. sans que *ohne daß*

Sans que je puisse expliquer pourquoi, cette idée m'est tout à fait désagréable.
On décide beaucoup de choses dans notre pays sans que le peuple soit consulté.

Adverbien und adverbiale Wendungen

111 **1. toutefois** *jedoch*

Je n'arrive pas à suivre ton raisonnement; toutefois, j'ai bien compris que tu désires quitter notre équipe.

2. pourtant *dennoch*

Il peut ne pas te paraître très sympathique et pourtant, en cas de coup dur schwierigen Lage, c'est quelqu'un sur qui on peut compter à 100%.
Cet ouvrage n'a peut-être aucune valeur littéraire; pour moi, il présente pourtant l'intérêt que son action se déroule dans ma ville natale.

3. cependant *jedoch, dennoch*

Je ne suis pas une fervente glühende admiratrice de Fernand Léger, je reconnais cependant que ce peintre a su trouver un style.

4. tout de même *dennoch*

Je m'attendais bien à un succès, mais tout de même pas à un succès de cette importance.
Jusqu'à présent tu as eu de la chance, cela ne doit tout de même pas te rendre arrogant.

5. néanmoins *trotzdem*

J'avais bien compté sur une victoire des conservateurs; je suis néanmoins surpris par l'ampleur Ausmaß de leur victoire.
Les critiques ont été sévères avec ce livre; je le tiens néanmoins pour un ouvrage d'une grande valeur.

6. en réalité *in Wirklichkeit*

Ce livre pourrait passer pour un recueil Sammlung d'histoires imaginées; en réalité, il ne rapporte que des faits entièrement authentiques.

7. en fait *tatsächlich, jedoch*

Il a fait semblant de ne pas être touché par cette remarque; en fait, il en a été très marqué.
Il a refusé le poste pour des motifs de santé; en fait, je me demande quelles sont ses véritables raisons.

8. de toutes manières *sowieso*

On peut bien lui dire ce que l'on veut; de toutes manières, il n'en fait jamais qu'à sa tête.
J'espère que vous irez très vite mieux; de toutes manières, je vous rappellerai dans les prochains jours pour prendre de vos nouvelles.

9. de toutes façons *auf jeden Fall, sowieso*

Vous ne me dérangez pas; de toutes façons, j'allais m'arrêter de travailler.

10. du moins *wenigstens, zumindest*

On lui aurait offert une chaire Lehrstuhl à Princeton; c'est du moins ce qu'il prétend.
La situation semble critique; du moins ne devons-nous pas nous laisser décourager.

11. en tout cas *auf jeden Fall*

Il s'agirait du meilleur roman du XXe siècle; c'est, en tout cas, ce qu'affirme la maison d'édition qui le publie.

12. en tous (les) cas *auf alle Fälle*

Peut-être n'a-t-il d'égards pour personne allen gegenüber rücksichtslos; en tous (les) cas, il fait son chemin.

13. certes . . . mais *sicher . . . aber*

Certes, il ne sait pas encore précisément quelle profession il choisira, mais il a l'intention de faire des études scientifiques.

Präpositionen

111 a **1. malgré** *trotz*

Malgré des réticences Vorbehalte de la part de certains, les socialistes français se sont alliés en 1972 aux communistes.
Il continue à fumer malgré tout ce qu'il lit et entend sur les dangers du tabac.

2. en dépit de *trotz*

En dépit de tous les pronostics, ce produit s'est imposé sur le marché.
Il a conservé son poste en dépit de toutes les intrigues dirigées contre lui.

Bedingung, Hypothese

112 **1. supposer** *annehmen, voraussetzen*

Une telle entreprise suppose courage, imagination et esprit d'initiative.
Je suppose que les dessous de cette affaire sont désormais connus.

2. partir du principe que *davon ausgehen*

L'auteur part du principe que les termes d'impressionnisme, de cubisme etc. sont familiers au lecteur.
Je pars toujours du principe que mon interlocuteur Gesprächspartner dit la vérité.

3. se baser (se fonder) sur l'idée que — *von der Hypothese ausgehen*
Les experts se basent (se fondent) sur l'idée qu'en 2100 les réserves pétrolières seront épuisées.

4. émettre l'hypothèse — *die Hypothese aufstellen*
On ne peut qu'émettre des hypothèses sur les causes exactes du cancer.

5. partir sur des données fausses — *von falschen Voraussetzungen ausgehen*
Vous êtes parti dans votre raisonnement sur des données fausses.

6. être en droit de penser que — *davon ausgehen können*
Nous sommes en droit de penser que l'inflation sera enfin combattue efficacement grâce aux dernières mesures adoptées au Conseil des ministres.

7. l'une des conditions est — *eine Bedingung ist*
L'une des conditions d'entrée au sein des Nations Unies est la reconnaissance de la Charte des Droits de l'Homme.

8. les conditions sont — *die Bedingungen sind*
Les conditions indispensables requises pour verlangt für l'obtention de ce poste sont tout d'abord de solides connaissances en matière d'administration et ensuite de l'habileté dans la direction du personnel.

9. imposer des conditions — *Bedingungen diktieren*
A l'issue de la première guerre mondiale, les positions de l'Allemagne étaient si faibles que les puissances victorieuses purent imposer toutes leurs conditions au Traité de Versailles.

10. les conditions dans lesquelles — *Bedingungen, unter denen*
Il nous faut tout d'abord définir les conditions dans lesquelles pourrait avoir lieu notre collaboration.
Pour comprendre ce document, il faut tenir compte des conditions dans lesquelles il a vu le jour.

11. s'en tenir aux conditions — *sich an die Bedingungen halten*
L'Union Soviétique s'en tient toujours dans ses échanges commerciaux aux conditions fixées au cours de négociations préalables vorausgegangenen Verhandlungen.

12. accepter des conditions — *Bedingungen annehmen*
Etes-vous prêt à accepter de telles conditions?

13. présumer — *annehmen*
Je présume que tout le groupe s'était mis d'accord avant le départ.

14. cela implique que — *das setzt voraus, daß*
Notre travail est un travail d'équipe; cela implique que les points de vue soient discutés, que les tâches soient équitablement gerecht réparties.

Konjunktionen und konjunktionale Wendungen

112a 1. si   *wenn*
S'il ne pleut pas, nous ferons une promenade en vélo dimanche prochain.

2. **à condition que**   *unter der Bedingung, daß*
Nous ne vendrons la maison qu'à condition qu'on nous en offre un bon prix.
Il accepta de donner une interview à condition que le texte lui en soit présenté avant sa publication.

3. **dans le cas (pour le cas, au cas) où**   *im Falle, daß; falls*
Dans le cas où Alexandre ne serait pas remis, nous repousserions d'une semaine la petite fête prévue pour son anniversaire.

4. **dans l'hypothèse où**   *im Falle, daß*
Dans l'hypothèse où les affaires continuent à bien marcher, nous pourrons envisager de faire l'an prochain un voyage plus important que cette année-ci.

5. **pourvu que**   *vorausgesetzt, daß*
Pourvu que Sébastien puisse chaque jour faire de la planche à voile, il n'en demande pas plus.

6. **à moins que ... ne**   *wenn nicht; es sei denn, daß*
Ce gigantesque projet ne peut pas être réalisé pour l'instant, à moins que tous les Etats européens ne décident de s'y associer.
Je ne peux terminer ce travail aujourd'hui, à moins que tu n'acceptes de m'aider.

7. **à supposer que**   *angenommen, daß*
A supposer qu'il existe des extra-terrestres, comment réagiriez-vous?
A supposer que quelques êtres humains survivent à une guerre atomique, quel genre de survie connaîtront-ils alors?

8. **supposons que**   *angenommen, daß*
Supposons que tu aies réellement vu une soucoupe volante, qui voudra le croire?
Supposons que l'entreprise obtienne le gros contrat recherché, la production et les emplois _{Arbeitsplätze} s'en trouveraient assurés pour deux ans.

9. **supposant que**   *in der Annahme, daß*
Supposant que tu serais d'accord, j'ai invité les Fournier à dîner samedi soir.

10. **admettons que**   *falls, angenommen*
Admettons qu'il obtienne la place qu'il vise à Paris, il abandonnerait sûrement son logement à Arles.

11. **sinon**   *wenn nicht, sonst*
Il faut que je te montre comment fonctionne cet appareil; sinon, tu risques d'avoir des ennuis.

Präpositionale Wendungen

112b | **1. à quelles conditions** | *unter welchen Bedingungen*
A quelles conditions accepteriez-vous de venir travailler dans la région parisienne?

2. dans ces conditions | *unter diesen Umständen*
Dans ces conditions, nous n'avons plus rien à nous dire.

3. dans ce cas | *in diesem Fall*
Dans ce cas, l'Allemagne et la France devraient collaborer plus étroitement.
Il faut, dans ce cas, s'adresser à un spécialiste.

Mittel

113 | **1. au moyen de** | *mittels, mit Hilfe von*
La propulsion Antrieb de cette machine s'effectue au moyen de puissants réacteurs Düsen.

2. à l'aide de qc. | *mit Hilfe von etw.*
Ce ballon moderne fonctionne comme les premières montgolfières à l'aide d'air chaud.
Ce diagnostic ne fut possible qu'à l'aide d'une thermographie.

3. avec l'aide de qn. | *mit Hilfe von jm.*
Il ne réussit à fuir à l'Ouest qu'avec l'aide de ses amis étrangers.
Il remit cette ferme en état avec l'aide de ses amis.

4. par le biais de | *auf dem Umweg über; über; durch*
L'introduction de l'essence sans plomb doit être accélérée beschleunigt werden par le biais d'aménagements fiscaux steuerliche Erleichterungen.

5. par l'intermédiaire de | *durch Vermittlung; über*
Par l'intermédiaire d'une de ses relations Bekannten, il vient d'obtenir pour son fils une place d'apprentissage dans un hôtel.

6. grâce à | *dank*
Grâce au soutien financier de ses parents, elle put étudier plusieurs années à l'étranger.
La comptabilité de cette entreprise s'effectue grâce à un ordinateur.
La capacité du réseau téléphonique pourrait être considérablement augmentée grâce à la technique du laser.

7. à force de | *mit, durch viel, ständig. (+ Subst.)*
A force de patience, il est parvenu à me convertir à ses idées von seinen Ideen zu überzeugen.
A force de prendre tant de médicaments, vous allez vous rendre réellement malade.

III. Wortfelder zur Biographie

1. Déroulement de la vie — Äußerer Lebensweg

Date et lieu de naissance, nationalité — Geburtsdatum, Geburtsort, Staatsangehörigkeit

114

1. être né le … à …[1]	geboren sein am … in …
2. être de / avoir la | nationalité française, italienne	die französische, italienische Staatsangehörigkeit haben
3. prendre la nationalité suédoise, américaine (se faire naturaliser suédois, américain)	die schwedische, amerikanische Staatsangehörigkeit annehmen

Origines, milieu social et familial — Herkunft, soziales Milieu, Familienverhältnisse

115

1. être d'origine russe, allemande / être Russe, Allemand d'origine	gebürtiger (von Geburt) Russe, Deutscher sein
2. être né dans une famille bourgeoise, riche, catholique	aus einer bürgerlichen, reichen, katholischen Familie stammen
3. être né dans un milieu modeste, aisé	aus bescheidenen, wohlhabenden Verhältnissen stammen
4. être issu d'une famille ouvrière, d'industriels, de commerçants	aus einer Arbeiter-, Industriellen-, Kaufmannsfamilie stammen
5. être issu d'un milieu petit-bourgeois	aus kleinbürgerlichen Verhältnissen stammen
6. appartenir à, faire partie d'une famille nombreuse, de notables	einer kinderreichen, sehr angesehenen Familie angehören
7. être d'ascendance / être de souche | noble, juive	von adeliger, jüdischer Abstammung sein
8. être (originaire) de Paris, du Limousin	aus Paris, aus dem Limousin stammen

---

[1] Son frère est né le 15 septembre 1959 à Valence dans le département de la Drôme.

Formation	Ausbildung
Scolarité	Schulbildung

116

1. entrer à l'école maternelle, à l'école primaire, au collège[1], au lycée	in die Vorschule, die Grundschule, in die weiterführende Schule (Haupt-, Realschule), in das Gymnasium eintreten
2. entrer dans une école privée, publique	in eine Privatschule, staatliche Schule eintreten
3. aller à / fréquenter l'école primaire	auf die Grundschule gehen
4. quitter l'école primaire	die Grundschule verlassen
5. faire des études secondaires[2]	eine weiterführende Schule besuchen
6. passer, présenter un examen, le bac(alauréat)	eine Prüfung, das Abitur machen
7. repasser un examen, se représenter à un examen	eine Prüfung noch einmal machen
8. réussir (à) un examen	eine Prüfung bestehen
9. échouer à un examen	durch eine Prüfung fallen

Formation professionnelle (études; apprentissage; stages)	Berufsausbildung (Studium; Lehre; Fortbildungslehrgang)

117

1. entrer en apprentissage, devenir apprenti, débuter un apprentissage	eine Lehre beginnen
2. passer, présenter l'examen d'entrée (à l'école de Commerce par ex.)	die Aufnahmeprüfung machen (z. B. in der Handelsschule)
3. préparer un concours[3]	sich auf eine Prüfung (Concours) vorbereiten
4. présenter, passer un concours (d'entrée, de sortie)	eine zentrale (Aufnahme-, Abschluß-) Prüfung machen
5. passer des épreuves	Prüfungen machen
6. entrer à la Fac(ulté) de Droit, de Médecine, de Lettres, de Sciences	ein Jura-, Medizinstudium, ein Studium der Philologie, der Naturwissenschaften beginnen

[1] Tout enfant sortant de l'école primaire, doit ensuite fréquenter le collège.
[2] A l'issue de la classe de 3e, il peut entrer dans la vie active s'il a 16 ans, ou poursuivre ses études en vue soit d'un B. E. P. (brevet d'études professionnelles/Berufsfachschulabschluß) soit du bac(alauréat).
[3] Juliette passa d'abord sa licence d'anglais puis s'étant décidée à entrer dans l'enseignement, elle prépara les concours du CAPES et de l'agrégation (... sie bereitete sich auf die Prüfung für das Staatsexamen und die Agregation vor.)

87

118

7. faire des études (supérieures), faire une Grande Ecole — *(an der Universität) studieren, an einer Elite-Universität studieren*

8. faire des études de psychologie, de sociologie, d'architecture — *Psychologie, Soziologie, Architektur studieren*

9. aller à | la Fac(ulté)
   fréquenter | — *die Uni(versität) besuchen*

10. entreprendre (commencer), poursuivre, achever des études — *ein Studium beginnen, weiterführen, beenden*

11. reprendre ses | études
    se remettre aux | — *sein Studium wieder aufnehmen*

12. suivre des cours du soir, des cours par correspondance (de sténo, de secrétariat, de comptabilité par ex.) — *Abendkurse besuchen, Fernkurse machen (z. B. in Steno, Sekretariatsarbeit, Buchhaltung)*

13. effectuer (faire) un stage (de formation) (chez Citroën, à l'étranger par ex.) — *einen Fortbildungslehrgang machen (z. B. bei Citroën, im Ausland)*

14. être diplômé d'une université (de l'université de Strasbourg par ex.) — *die Abschlußprüfung an einer Universität gemacht haben (z. B. an der Universität von Straßburg)*

15. avoir un diplôme (d'infirmière par ex.) — *ein Diplom besitzen (z. B. als staatlich geprüfte Krankenschwester)*

16. avoir, recevoir une formation (d'instituteur par ex.) — *eine Ausbildung haben, erhalten (z. B. als Grundschullehrer)*

17. suivre une filière[1] — *einen Ausbildungsgang durchlaufen*

Carrière professionnelle — **Berufliche Laufbahn**

119

1. s'orienter (se diriger) vers un métier, une profession, une branche professionnelle[2] — *sich einem (praktischen) Beruf, einem (akademischen) Beruf, einem Fachgebiet zuwenden*

2. opter pour (choisir) une profession libérale — *sich für einen freien Beruf entscheiden*

---

[1] Pour devenir ingénieur, il a suivi la filière normale, c'est-à-dire le bac, puis une grande école, en l'occurrence (in diesem Falle) celle de Nancy où il a obtenu son diplôme.
[2] Comme il avait le don de la parole, il s'est tout naturellement orienté (dirigé) vers la profession d'avocat.

	3. faire carrière (dans la politique, dans l'armée par ex.)	*Karriere machen (z. B. in der Politik, in der Armee)*
	4. faire une carrière d'homme politique, de peintre, d'artiste de cinéma, de théâtre	*als Politiker, Maler, Filmschauspieler, am Theater Karriere machen*
	5. gravir les échelons de la hiérarchie	*die Stufenleiter des beruflichen Erfolgs emporklettern*
	6. franchir des étapes[1]	*(Lebens-)Abschnitte hinter sich bringen, zurücklegen; Etappen durchlaufen*
	7. être appelé, amené se sentir appelé se sentir vocation	*dazu berufen, bestimmt sein, eine Rolle zu spielen (eine Aufgabe zu übernehmen)*
	8. consacrer sa vie, ses forces à qc.	*sein Leben einer Sache widmen, seine Kräfte für etw. einsetzen*
120	9. occuper un poste, des fonctions	*einen Posten, ein Amt innehaben*
	10. exercer les fonctions (de juge d'instruction par ex.)	*das Amt ausüben (z. B. eines Untersuchungsrichters)*
	11. avoir des attributions de[2]	*zuständig sein für*
	12. être expert, spécialiste en (droit international par ex.)	*auf einem Gebiet Experte, Spezialist sein (z. B. auf dem Gebiete des internationalen Rechts)*
	13. assurer son existence (en travaillant comme mécanicien par ex.)	*seinen Lebensunterhalt bestreiten (z. B. durch die Arbeit als Mechaniker)*
	14. être militant syndicaliste	*aktives Gewerkschaftsmitglied sein*
	15. être travailleur syndiqué	*gewerkschaftlich organisierter Arbeiter sein*
	16. préparer sa retraite	*sich auf den Ruhestand vorbereiten*
	17. partir, être à la retraite	*in den Ruhestand gehen, im Ruhestand sein*
	18. vivre de ses rentes, être rentier	*von seiner Rente leben, Rentner sein*

---

[1] Ses dons et sa grande capacité de travail lui ont fait franchir particulièrement vite les étapes de sa brillante carrière.
[2] Il n'a jamais eu d'autres attributions que celles d'un petit fonctionnaire.

Activités extra-professionnelles — Außerberufliche Betätigungen

121

1. être membre d'une association, d'un club	*Mitglied eines Vereins, eines Klubs sein*
2. être animateur, président de club (d'échecs, franco-britannique par ex.)	*Geschäftsführer, Präsident eines Klubs, einer Gesellschaft sein (z. B. des Schachklubs, der Gesellschaft für französisch-britische Beziehungen)*
3. avoir une activité bénévole	*eine ehrenamtliche Tätigkeit ausüben*
4. se donner pour mission de faire qc.[1]	*sich zur Aufgabe machen, etw. zu tun*

Situation de famille — Familienstand

122

1. se marier avec qn., épouser qn.	*jn. heiraten*
2. être marié(e) à, avec qn. être le mari de, la femme de	*mit jm. verheiratet sein*
3. avoir des enfants	*Kinder haben*
4. se séparer	*sich trennen*
5. divorcer	*sich scheiden lassen*

2. Evolution de la personne — Entwicklung der Person

Enfance — Kindheit

123

1. passer (avoir, connaître) une enfance heureuse, malheureuse, entourée d'affection	*eine glückliche, unglückliche, behütete Kindheit verbringen*
2. traverser son enfance sans embûches	*eine problemlose Kindheit verleben*
3. être livré à soi-même[2]	*sich selbst überlassen sein*

---

[1] Brigitte Bardot, la star des années 60 du cinéma français, se donne maintenant pour mission de protéger les animaux.
[2] Ces enfants ont grandi entièrement livrés à eux-mêmes.

Passage de l'adolescence à l'âge adulte

Übergang von der Jugend zum Erwachsensein

124

1.	évoluer	sich (weiter-, fort-)entwickeln
2.	un caractère se dessine, prend forme, s'affirme	ein Charakter zeichnet sich ab, nimmt Gestalt an, festigt sich
3.	la personnalité se développe, se forme, s'affirme	die Persönlichkeit entwickelt sich, bildet sich, nimmt Gestalt an
4.	devenir indépendant de sa famille	von seiner Familie unabhängig werden
5.	prendre son indépendance, son autonomie¹	unabhängig, selbständig werden
6.	élargir son horizon²	seinen Horizont erweitern
7.	entrer dans la vie aborder l'existence³	ins Leben eintreten
8.	prendre conscience de ses possibilités	sich seiner Möglichkeiten bewußt werden
9.	se prendre en charge⁴, s'assumer⁵	die Verantwortung für sich übernehmen
10.	atteindre sa maturité, l'âge d'homme	zur Reife kommen

Expériences

Erfahrungen

125

1.	passer par une phase de (doute, découragement, remise en question de soi par ex.)	eine Phase durchmachen (z. B. des Zweifels, der Entmutigung, des Infragestellens der eigenen Person)
2.	passer par (traverser) différents stades d'évolution, de prise de conscience	verschiedene Entwicklungs-, Bewußtseinsphasen durchlaufen
3.	se trouver dans un certain état d'âme	sich in einem bestimmten Seelenzustand befinden

---

¹ Richard a très vite pris son autonomie en s'engageant dans l'armée.
² Ce n'est que lorsqu'il entra à la Fac qu'il eut l'impression de voir son horizon s'élargir.
³ Certains abordent l'existence avec une grande confiance, d'autres, au contraire, sont pris de vertige au seuil (Schwelle) de la vraie vie.
⁴ Certains parents apprennent à leurs enfants à se prendre en charge eux-mêmes très tôt.
⁵ Son éducation ne l'a guère aidé à s'assumer dans la vie.

	4. faire (connaître) l'expérience de (la pauvreté, la solitude par ex.)	*die Erfahrung machen (z. B. der Armut, der Einsamkeit)*
	5. entamer une expérience	*es auf einen Versuch ankommen lassen (sich auf ein Experiment einlassen)*
	6. être (se voir, se trouver) confronté à des difficultés, à des problèmes[1]	*sich Schwierigkeiten, Problemen gegenübersehen*
	7. affronter[2]	*sich stellen, in Angriff nehmen*
126	8. sortir d'une expérience grandi, appauvri, transformé	*aus einer Erfahrung seelisch bereichert, verarmt, verändert hervorgehen*
	9. être marqué par (tout ce que l'on a vécu par ex.)	*von etwas geprägt sein (z. B. von allem, was man erlebt hat)*
	10. devoir en passer par là	*da (durch diese Sache) hindurch müssen*
	11. avoir une vie jalonnée (traversée, remplie) d'épreuves	*ein Leben voller Prüfungen haben*
	12. connaître (passer par, surmonter) des épreuves	*Prüfungen durchmachen*
	13. tirer des leçons (enseignements, conclusions) de l'expérience, du passé	*eine Lehre aus der Erfahrung, der Vergangenheit ziehen*
	14. ne rien changer à (ne pas modifier) ses habitudes, son comportement, son mode de vie	*nichts an seinen Gewohnheiten, seinem Verhalten, seiner Lebensweise ändern*
	15. parcourir le monde en quête de qc.	*die Welt auf der Suche nach etw. durcheilen*
	16. marcher sur les pas, les traces de qn.	*auf js. Spuren wandeln, in js. Fußstapfen treten*
	17. vouloir refaire le monde	*die Welt wieder in Ordnung bringen, neu gestalten wollen*

[1] Les difficultés auxquelles il se trouve confronté, sont à mon avis tout à fait surmontables, s'il veut bien y mettre un peu du sien.
[2] Il est prêt à affronter n'importe quelle épreuve.
La réalité est parfois dure à affronter.

Crises
Krisen

127

1.	connaître (traverser) une crise	eine Krise durchmachen
2.	être en crise	in einer Krise stecken
3.	traverser une période difficile	eine schwere Zeit durchmachen
4.	connaître (éprouver) un désarroi profond	völlig verwirrt, bestürzt sein
5.	se débattre dans d'énormes difficultés	sich mit gewaltigen Schwierigkeiten herumschlagen
6.	lutter contre le mauvais sort, la malchance	gegen das Unglück, das Mißgeschick ankämpfen

Tournants
Wendepunkte

128

1.	évoluer dans un sens ou dans un autre	sich in die eine oder andere Richtung entwickeln
2.	marquer une étape[1], un tournant, un jalon	einen Lebensabschnitt prägen, einen neuen Lebensabschnitt einleiten; einen Wendepunkt, einen Einschnitt markieren
3.	connaître un revirement[2], un changement de cap	an einem Wendepunkt ankommen, einen Umschwung erleben
4.	changer de cap[3], de bord, d'orientation	den Kurs, die Richtung ändern
5.	virer de bord	umschwenken, seine Anschauungen ändern
6.	être (se trouver) à la croisée des chemins	sich am Scheideweg, am Kreuzweg befinden
7.	arriver (être, se trouver) à un point crucial	an einem entscheidenden Punkt ankommen, stehen
8.	hésiter entre deux attitudes possibles	zwischen zwei Verhaltensmöglichkeiten schwanken
9.	se trouver devant une alternative	sich vor eine Alternative gestellt sehen

---

[1] Son entrée dans l'orchestre philharmonique de Berlin marqua évidemment une étape importante dans sa vie d'artiste.
[2] Rien n'est jamais définitivement établi et chacun connaît forcément des revirements de situation.
[3] Il n'est pas toujours facile de changer de cap, mais cela est souvent nécessaire pour échapper, par exemple, à la routine.

129

10.	abandonner ses fonctions précédentes pour se tourner (s'orienter) vers d'autres domaines	*seine bisherige Stellung aufgeben, um sich anderen Interessensgebieten zuzuwenden*
11.	abandonner (délaisser) une activité au profit d'une autre	*eine Tätigkeit zu Gunsten einer anderen aufgeben*
12.	mettre sa carrière, son avenir en jeu	*seine Karriere, seine Zukunft aufs Spiel setzen*
13.	franchir une étape	*einen Lebensabschnitt hinter sich lassen*
14.	franchir un cap[1]	*etwas hinter sich bringen, durchstehen*
15.	tâtonner[2]	*zögernd seinen Weg suchen*
16.	chercher, trouver sa voie	*seinen Weg suchen, finden*
17.	s'engager sur (dans) une voie[3]	*einen Weg einschlagen*

Ruptures **Bruch**

130

1.	rompre (radicalement) avec son passé	*(radikal) mit der Vergangenheit brechen*
2.	rejeter le passé	*alles hinter sich lassen*
3.	tirer un trait sur son passé	*einen Strich unter die Vergangenheit ziehen*
4.	ne pas rester le même	*nicht der gleiche bleiben*
5.	refaire sa vie	*ein neues Leben beginnen, ganz von vorne beginnen*
6.	recommencer	*neu anfangen*
7.	repartir à zéro	*wieder ganz von vorne anfangen*
8.	se libérer, se débarrasser de (ses préjugés par ex.)	*sich von etw. freimachen (z. B. von seinen Vorurteilen)*
9.	changer ses habitudes	*seine Gewohnheiten ändern*
10.	sortir des sentiers battus	*ausgetretene Pfade verlassen*

---

[1] Tout le monde l'a aidé lorsqu'il a eu à franchir ce cap difficile qui engageait son avenir (die für seine Zukunft entscheidend war).

[2] Il n'avait pas de vocation affirmée; ce n'est donc qu'en tâtonnant qu'il a fini par trouver ce qui lui convenait à peu près comme profession.

[3] A un moment donné, la France a bien dû s'engager sur la voie de la décolonisation.

131

11.	se dégager de (contraintes, obligations par ex.)	sich von etw. freimachen (z. B. von Zwängen, Verpflichtungen)
12.	mettre fin à[1]	etw. beenden, einen Schlußstrich unter etw. ziehen
13.	être en rupture avec (sa famille, la société par ex.)	mit etw. gebrochen haben (z. B. mit der Familie, mit der Gesellschaft), im Zerwürfnis leben mit
14.	se révolter contre (l'ordre établi par ex.)	sich gegen etw. auflehnen (z. B. gegen die herrschende Ordnung)
15.	changer complètement (radicalement, du tout au tout)	sich total verändern
16.	vouloir refaire le monde	die Welt neu gestalten wollen, wieder in Ordnung bringen wollen
17.	vouloir changer de peau	aus seiner Haut heraus wollen
18.	vouloir changer de personnage	ein anderer Mensch werden wollen

Succès et échecs marquants   Entscheidende Erfolge und Mißerfolge

132

1.	faire son chemin dans la vie	seinen Weg (im Leben) machen
2.	trouver sa voie	seinen Weg finden
3.	s'imposer (comme leader par ex.)	sich durchsetzen (z. B. als Führer)
4.	être encouragé, stimulé, poussé par qn., qc.	durch jn., etw. ermutigt, angespornt, angetrieben werden
5.	remporter une victoire sur soi-même	sich selbst überwinden
6.	se surpasser	über sich selbst hinauswachsen, sich selbst übertreffen
7.	triompher de (surmonter, vaincre) ses difficultés	seine Schwierigkeiten überwinden
8.	dominer un problème, une situation	mit einem Problem, einer Situation fertig werden, sie meistern

---

[1] Il a causé un grand scandale en mettant prématurément (vorzeitig) fin à son contrat.

	9. être maître de la situation	*Herr der Lage sein*
	10. connaître le succès	*Erfolg haben*
133	11. être découragé par qc.	*durch etw. entmutigt werden*
	12. subir un échec, une déconvenue, un revers	*einen Mißerfolg haben, eine Enttäuschung erfahren, eine Niederlage erleiden*
	13. avoir (connaître, éprouver) une déception	*eine Enttäuschung erfahren*
	14. subir un camouflet	*eine Kränkung erfahren*
	15. se réaliser, s'épanouir, trouver son épanouissement dans qc.	*sich verwirklichen, seine Persönlichkeit entfalten, seine Erfüllung finden*
	16. réussir sa vie	*Erfolg im Leben haben*
	17. manquer (rater) sa vie	*sein Leben verfehlen, verpfuschen*
	18. passer à côté du succès, de la réussite	*am Erfolg vorbeigehen*
	19. s'accepter	*sich akzeptieren*
	20. donner (trouver) un sens à sa vie	*seinem Leben einen Sinn geben*
	21. se réfugier dans qc. (dans la drogue, dans un rêve par ex.)	*sich in etw. flüchten (z. B. in die Droge, in einen Traum)*

IV. Wortfelder zum Portrait

Portrait-éclair Kurzportrait

134

1. C'est un homme d'action	*Das ist ein Mann der Tat.*
2. C'est un idéaliste[1], un rêveur, un réaliste, un romantique.	*Er (Das) ist ein Idealist, ein Träumer, ein Realist, ein Romantiker.*
3. C'est un homme d'une grande envergure.	*Das ist ein Mann von Format.*
4. C'est un homme d'un tout autre calibre.	*Das ist ein Mann von einem ganz anderen Kaliber.*
5. C'est une personne effacée, discrète, cultivée.	*Das ist eine unscheinbare, taktvolle, gebildete Person.*
6. C'est une partisante de l'émancipation de la femme.	*Das ist eine Frau, die sich für die Emanzipation einsetzt.*
7. C'est un syndicaliste qui croit aux vertus du dialogue.	*Das ist ein Gewerkschaftler, der an die Wirksamkeit des Dialogs glaubt.*
8. C'est une femme qui a de l'ambition, du bon sens, de la logique.	*Sie (Das) ist eine Frau mit Ehrgeiz, gesundem Menschenverstand, die logisch denken kann.*
9. C'est un garçon plein d'assurance, de volonté et de courage.	*Das ist ein Junge voller Selbstsicherheit, Willenskraft und Mut.*

135

10. C'est un homme à principes, à l'esprit prompt, à l'esprit vif, aux décisions rapides, à l'esprit d'initiative.	*Das ist ein Mann mit Prinzipien, rascher Auffassungsgabe, mit hellem Kopf, der schnellen Entscheidungen, mit Initiative.*
11. C'est quelqu'un de très versatile, d'instable.	*Das ist ein sehr wankelmütiger, labiler Mensch.*
12. L'audace (l'intrépidité, la pleutrerie) est un trait marquant de son caractère	*Verwegenheit (Unerschrockenheit, Feigheit) ist ein kennzeichnender Zug seines Charakters.*
13. Sylvie est une enfant très vivante, gaie, qui aime le sport, la danse.	*Sylvie ist ein sehr lebhaftes, fröhliches Kind, das gerne Sport treibt, gerne tanzt.*

---

[1] **Aber:** Il est idéaliste.

14. Il s'agit d'un homme qui ...[1]	Es handelt sich hier um einen Menschen, der
15. Voilà quelqu'un qui ...[2]	Das ist ein Mensch, der ...
16. Nous sommes en présence d'une personnalité attachante mais indéfinissable.	Wir haben es hier mit einer anziehenden, jedoch charakterlich schwer bestimmbaren Person zu tun.
17. Nous avons là l'exemple d'un personnage qui ...[3]	Das ist ein Beispiel für eine Person, die ...

Portrait détaillé
Ausführliches Portrait

Portrait physique
Beschreibung der äußeren Erscheinung

136

1. avoir un physique (être d'un aspect physique)	agréable ingrat repoussant	ein	ansprechendes unvorteilhaftes abstoßendes	Äußeres haben
2. avoir un physique de cinéma, de jeune premier			wie ein Filmschauspieler, ein jugendlicher Held aussehen	
3. avoir une silhouette bien proportionnée, bien découpée			eine wohlgestaltete, gut gebaute Figur haben	
4. avoir de l'allure			Haltung beweisen, Stil haben	
5. avoir belle, fière allure			ein glänzendes, stolzes Auftreten haben	
6. n'avoir aucune allure			kein Benehmen haben, nach nichts aussehen	
7. avoir l'allure jeune, dégagée, décontractée			ein jugendliches, gelöstes, entspanntes Auftreten haben	
8. être de constitution fragile, robuste			eine zarte, kräftige Konstitution haben (von ... Konstitution sein)	
9. avoir l'air	jeune, sportif, sympathique jovial, plaisant, gai vieux, antipathique, revêche grincheux, désabusé, triste		jung, sportlich, sympathisch heiter, gefällig, lustig alt, unsympathisch, grimmig mürrisch, desillusioniert, traurig	aussehen

[1] Il s'agit d'un homme qui étonne sans arrêt son entourage par ses réactions imprévisibles.
[2] Voilà quelqu'un qui ne saurait laisser le lecteur indifférent.
[3] Nous avons là l'exemple d'un personnage qui, en avance sur son temps, est incompris de son entourage.

10.	avoir l'air d'un personnage de roman (d'un héros de Stendhal par ex.)[1]	wie die Figur aus einem Roman aussehen (z. B. ein Held von Stendhal)
11.	avoir la mine rayonnante, florissante, défaite	strahlend, blühend, mitgenommen aussehen
12.	avoir bonne, mauvaise mine	gut (gesund), schlecht (krank) aussehen
13.	avoir le teint pâle, les traits tirés	blaß, abgespannt aussehen
14.	avoir le visage défait	mitgenommen aussehen
15.	avoir de l'aisance	ein ungezwungenes Auftreten haben
16.	être gracieux, disgracieux	anmutig, unschön (plump) sein

17. être	gâté, avantagé défavorisé, racé alerte, typé	verwöhnt, (von der Natur) begünstigt benachteiligt, von natürlicher Eleganz aufgeweckt, ein ausgeprägter Typ	sein

18.	être avantagé, desservi par son physique (physiquement)	durch sein Äußeres begünstigt, benachteiligt sein
19.	avoir du charme	Charme haben
20.	être de taille moyenne, de grande, de petite taille	mittelgroß, groß, klein sein
21.	faire moins, plus que son âge faire plus jeune, plus vieux que son âge	jünger, älter als sein Alter aussehen
22.	donner l'impression d'être plus jeune, plus vieux que (quelqu'un d'autre)	den Eindruck erwecken, jünger, älter zu sein als (jemand anders)
23.	avoir les yeux bleus, les cheveux châtains	blaue Augen, braunes Haar haben
24.	un garçon aux yeux noisette et aux cheveux longs	ein Junge mit haselnußbraunen Augen und langen Haaren

25. avoir le visage	allongé, rond oval, poupon anguleux	ein	längliches, rundes ovales, pausbäckiges kantiges	Gesicht haben

26.	avoir le front large, bas, haut	eine breite, niedere, hohe Stirn haben
27.	avoir les joues pleines, rondes, creuses	volle, runde, hohle Wangen haben

---

[1] Il a l'air d'un personnage de roman: on le croirait tout droit sorti d'un roman de Stendhal.

28.	avoir le menton pointu, fuyant		ein spitzes, fliehendes Kinn haben		
29.	avoir le nez	pointu, long, épaté retroussé, en trompette	eine	spitze, lange, platte Nase Stupsnase, Himmelfahrtsnase	haben
30.	avoir la bouche bien dessinée		einen wohlgeformten Mund haben		
31.	avoir les lèvres minces, épaisses, bien dessinées		schmale, dicke, wohlgeformte Lippen haben		
32.	avoir les yeux en amandes, enfouis dans leurs orbites, globuleux		mandelförmige, tiefliegende, hervorstehende Augen haben		
33.	avoir le regard	perçant énigmatique, glacial doux, rieur	einen	durchdringenden rätselhaften, eisigen sanften, fröhlichen	Blick haben

Portrait moral

Charakterbeschreibung

1. Dispositions naturelles (L'inné)

Natürliche Anlagen (Angeborene Eigenschaften)

Capacités intellectuelles

Intellektuelle Fähigkeiten

a) Intelligence

Intelligenz

1.	être	intelligent, astucieux, lucide perspicace, vif (d'esprit) sot, limité borné, bête	intelligent, scharfsinnig, hellsichtig scharfsichtig, geistig lebendig dumm (töricht), beschränkt engstirnig, dumm (einfältig)	sein
2.	être (très) doué intellectuellement		geistig (sehr) begabt sein	
3.	être doué d'une grande intelligence, d'un sens pratique		eine große geistige Begabung haben, den Sinn fürs Praktische haben	
4.	s'exprimer avec aisance, facilité, peine, difficulté		sich ungezwungen, leicht, mit Mühe, mit Schwierigkeiten äußern	
5.	avoir un jugement sûr, objectif		ein sicheres, objektives Urteil haben	
6.	avoir une grande ouverture d'esprit		geistig sehr aufgeschlossen sein	
7.	être ouvert à qc.[1]		für etw. aufgeschlossen sein	

---

[1] Ce qui est agréable chez lui, c'est qu'il est ouvert aussi bien aux arts plastiques qu'à la littérature, au sport, qu'à l'actualité; en somme, c'est quelqu'un qui s'intéresse à tout.

8. être sensible à qc.	für etw. empfänglich, aufgeschlossen sein
9. être fermé à qc.[1]	für etw. kein Verständnis, keinen Sinn haben
10. être insensible (imperméable) à qc.[2]	für etw. unempfindlich, blind sein
11. être en possession (jouir) de toutes ses facultés, de tous ses moyens	im Vollbesitz seiner (geistigen) Fähigkeiten sein
12. être un enfant éveillé	ein aufgewecktes Kind sein

b) Créativité — **Kreativität**

140

1. avoir de l'imagination	Phantasie haben
2. avoir une imagination débordante, délirante, bien pauvre	eine blühende, ungeheure, kümmerliche Phantasie haben
3. manquer d'imagination	keine Phantasie haben
4. donner libre cours à son imagination	seiner Phantasie freien Lauf lassen
5. avoir de l'inspiration, des idées, du talent, du génie	Inspiration, Ideen, Talent, Genie haben
6. avoir un esprit inventif, ingénieux, créatif (créateur)	erfinderisch, einfallsreich, schöpferisch sein

Tempérament — Temperament

141 1. être

vif, spontané, dynamique	a) lebhaft, spontan, tatkräftig	
bouillant, emporté, nerveux	b) ungestüm, aufbrausend, nervös	
ardent, chaleureux, mou	c) leidenschaftlich, herzlich, energielos	
susceptible, froid	d) leicht beleidigt, gefühlskalt	
étourdi, énigmatique, lymphatique	e) leichtsinnig, rätselhaft, träge	
apathique, calme, posé	f) teilnahmslos, ruhig, gesetzt	
sensible, décontracté	g) empfindsam, unbekümmert	sein
détendu, flegmatique	h) entspannt, gelassen	
soupe au lait, irascible, coléreux	i) ein Hitzkopf, jähzornig, zornig	
crispé, crispant	j) verkrampft, unerträglich,	
agaçant, énervant	k) enervierend, entnervend	
fatigant, indolent, désabusé	l) anstrengend, träge, enttäuscht	
enthousiaste, malin	m) begeistert, schlau	
futé, ambitieux, prétentieux	n) pfiffig, ehrgeizig, eingebildet	

---

[1] Jusqu'à 15 ans environ, Thierry semblait fermé à la géographie, mais en seconde, il eut un professeur qui sut lui faire découvrir et apprécier cette matière.
[2] Il est insensible (imperméable) à la beauté de ce paysage.

142

2. avoir du sang-froid	*kaltblütig sein*
3. avoir de l'énergie	*Tatkraft besitzen*
4. avoir l'esprit d'à-propos, avoir de la repartie	*schlagfertig sein*
5. éprouver un besoin permanent d'activité	*ein ständiges Bedürfnis nach Betätigung haben*
6. être d'un tempérament agressif, contestataire, conciliant	*eine aggressive, aufsässige Art an sich haben, ein verträgliches Wesen haben*
7. s'emporter facilement	*leicht zornig werden*
8. savoir se maîtriser, se contenir	*Selbstbeherrschung besitzen, sich zu beherrschen wissen*
9. maîtriser son émotion	*seine Gefühle beherrschen*
10. la maîtrise de soi(-même)	*die Selbstbeherrschung*

2. Education (L'acquis) — Erziehung (Erworbene Eigenschaften)

143

1. avoir (reçu) une bonne éducation, une formation générale	*eine gute Erziehung, Allgemeinbildung (erhalten) haben*
2. être bien, mal élevé (éduqué)	*gut, schlecht erzogen sein*
3. être cultivé (instruit), distingué / érudit, savant, raffiné / ignare, ignorant / inculte, grossier	*gebildet, vornehm / gelehrt, beschlagen, feinsinnig / völlig ungebildet, unwissend / ungebildet, plump* sein
4. avoir des préjugés[1] (contre, envers, vis-à-vis de)	*Vorurteile haben*
5. être sans préjugés	*ohne Vorurteile sein*
6. disposer de connaissances	*über Kenntnisse verfügen*
7. avoir des acquis	*ein umfangreiches Wissen, einen reichen Erfahrungsschatz haben*

---

[1] On peut lui reconnaître cette qualité de n'avoir jamais aucun préjugé. Il observe, étudie et ne se forme un jugement qu'après.
Je n'ai jamais réussi à l'empêcher d'avoir des préjugés contre les travailleurs immigrés (Gastarbeiter).

	8. avoir du savoir-faire	*geschickt, gewandt sein*
	9. avoir du goût	*Geschmack haben*
144	10. être bien, mal préparé pour la vie	*gut, schlecht für das Leben vorbereitet sein*
	11. n'avoir aucune idée de ce qui se dit, de ce qui se fait	*keine Ahnung haben von dem, was man sagt, von dem, was man tut*
	12. ne rien comprendre (entendre) à la peinture, la politique	*nichts von der Malerei, der Politik verstehen*
	13. acquérir des connaissances, perfectionner, élargir ses connaissances[1]	*Kenntnisse erwerben, seine Kenntnisse vervollständigen, erweitern*
	14. élargir son horizon[2]	*seinen Horizont erweitern*
	15. ouvrir d'autres horizons	*weitere Horizonte eröffnen*
	16. s'y connaître en qc. (en économie, en politique par ex.)	*sich in etwas auskennen (z. B. in der Wirtschaft, in der Politik)*
	17. apprendre à se débrouiller, à s'en sortir[3]	*lernen zurechtzukommen, sich zurechtzufinden*

3. Caractère (Qualités et défauts)   Charakter (Gute und schlechte Eigenschaften)

145	1. avoir un caractère	simple, compliqué ferme, instable entier (tout d'une pièce)	*einen*	*einfachen, komplizierten festen, labilen aufrechten*	*Charakter haben*
	2. avoir bon, mauvais caractère			*einen guten, schlechten Charakter haben (ein verträglicher, schwieriger Mensch sein)*	
	3. avoir un caractère plein de contradictions			*einen Charakter voller Widersprüche haben*	
	4. avoir une nature	gaie, sereine sombre, renfermée	*ein*	*heiteres, ausgeglichenes düsteres, verschlossenes*	*Wesen haben*

---

[1] Il a décidé de se rendre aux Etats-Unis pour élargir ses connaissances en matière d'électronique.
[2] On peut élargir son horizon de bien des façons: par les voyages, par la lecture etc.
[3] Orphelin (Als Weise), il dut très vite apprendre à se débrouiller seul dans la vie.

5. être	généreux, mesquin, avare courageux, peureux, pleutre timide, original, coopératif ambitieux, capricieux, insaisissable impénétrable, dépressif désinvolte, sans scrupules scrupuleux, attachant, appliqué renfermé, replié sur soi introverti, extraverti prétentieux, pédant irrespectueux, ouvert franc, droit, honnête respectable, espiègle, malin rusé, lourdaud	a) großzügig, kleinlich, geizig b) mutig, ängstlich, feige c) schüchtern, originell, hilfsbereit d) ehrgeizig, launisch, nicht faßbar e) undurchschaubar, depressiv f) ungezwungen, gewissenlos g) gewissenhaft, anziehend, fleißig h) verschlossen, abgekapselt i) introvertiert, extravertiert j) eingebildet, pedantisch k) respektlos, aufgeschlossen l) aufrichtig, rechtschaffen, ehrlich m) achtbar, ausgelassen, schlau l) listig, schwerfällig	sein

6. avoir (manifester) une triste mentalité — *eine miese Einstellung, Denkweise haben*

7. avoir une mentalité petit-bourgeois — *eine kleinbürgerliche Einstellung haben*

8. avoir une forte personnalité[1] — *eine starke Persönlichkeit haben*

9. n'avoir aucune personnalité[2], manquer de personnalité — *keine Persönlichkeit haben*

10. être d'une grande	bonté, générosité ouverture d'esprit prétention, suffisance désinvolture, modestie sincérité	voller	*Güte, Großzügigkeit geistiger Aufgeschlossenheit Anmaßung, Selbstgefälligkeit Ungeniertheit, Bescheidenheit Aufrichtigkeit*	sein

11. (re-)trouver son équilibre — *sein Gleichgewicht (wieder-)finden*

12. avoir du goût pour qc. — *für etw. Sinn haben, an etw. Geschmack finden*

13. avoir de l'aversion (du dégoût) pour qc. — *gegen etw. eine Abneigung haben*

14. avoir une préférence pour qc. — *für etw. eine Vorliebe haben*

15. être un passionné de qc. (de théâtre par ex.) — *sich für etw. begeistern (z. B. fürs Theater)*

16. être toujours insatisfait (C'est un éternel insatisfait.) — *immer unzufrieden sein (Das ist ein Mensch, der immer unzufrieden ist.)*

17. (ne pas) se sentir bien dans sa peau — *sich (nicht) wohl in seiner Haut fühlen*

---

[1] Comme elle a une très forte personnalité, elle a tendance à étouffer un peu les siens (ihre Angehörigen).
[2] Quand on se laisse sans cesse entraîner par Pierre, Paul ou Jacques (Hinz und Kunz), c'est que vraiment on n'a aucune personnalité.

18. ne pas transiger sur les principes, ne pas démordre de ses idées		*seinen Prinzipien treubleiben, an seinen Ideen festhalten*
19. être (se montrer) intransigeant[1], faire preuve d'intransigeance		*unnachgiebig, kompromißlos sein*
20. avoir le sens des réalités[2]		*Wirklichkeitssinn haben*
21. essayer (tenter) de compenser un certain manque d'assurance par une attitude autoritaire		*versuchen, einen gewissen Mangel an Selbstsicherheit durch autoritäres Verhalten zu kompensieren*
22. avoir le sens de l'humour		*Sinn für Humor haben*
23. avoir le sens des réalités		*auf dem Boden der Tatsachen stehen*
24. être pragmatique, idéaliste		*ein Pragmatiker, ein Idealist sein; praktisch, idealistisch veranlagt sein*
25. être de bonne, mauvaise humeur		*gut, schlecht gelaunt sein*
26. être d'une humeur exécrable		*unausstehlich sein*
27. être d'humeur toujours égale		*immer ausgeglichen sein*
28. dissimuler ses sentiments, ses intentions véritables (sous un masque d'indifférence par ex.)		*seine Gefühle, seine wahren Absichten verheimlichen (z. B. hinter der Maske der Gleichgültigkeit)*
29. avoir (manifester) une attitude	ambiguë[3] équivoque inexplicable incompréhensible insaisissable arrogante antipathique déconcertante effrontée	*ein* *zweideutiges suspektes unerklärliches unverständliches undurchsichtiges anmaßendes unsympathisches verwirrendes freches* *Benehmen an den Tag legen*

---

[1] Si tu ne te montrais pas (n'étais pas) toujours aussi intransigeant, on arriverait peut-être mieux à se comprendre. Nos parents étaient intransigeants sur un certain nombre de principes.
[2] Celui qui a le sens des réalités est le contraire d'un utopiste.
[3] J'ai trouvé qu'il ne répondait jamais vraiment aux questions qu'on lui posait et que son attitude était quelque peu ambiguë dans cette affaire.

4. Penchants, préférences, intérêts
(Activités de loisirs)

Neigungen, Vorliebe, Interessen
(Freizeitbeschäftigungen)

149

1. se livrer à des activités de loisirs, à un sport, à son passe-temps favori	*Freizeitbeschäftigungen, einem Sport, seiner Lieblingsbeschäftigung nachgehen*
2. aimer le sport, aimer faire du sport	*gerne Sport treiben*
3. pratiquer un sport	*eine Sportart betreiben*
4. aimer la littérature, la musique, la chasse, l'alpinisme	*eine Vorliebe für Literatur, Musik, die Jagd, das Bergsteigen haben*
5. préférer le cinéma au théâtre	*lieber ins Kino als ins Theater gehen*
6. avoir qc. comme passe-temps favori (la pêche par ex.)	*etw. als Lieblingsbeschäftigung haben (z. B. das Fischen)*
7. passer ses (temps de) loisirs à faire qc. (à lire, à faire de l'équitation, des travaux d'aiguilles, des mots croisés, du bricolage, du jardinage par ex.)	*seine Freizeit mit etw. verbringen (z. B. mit Lesen, Reiten, Handarbeit, Kreuzworträtseln, Basteln, Gartenarbeit)*

5. Rapports humains

Relations personnelles

Zwischenmenschliche Beziehungen

Persönliche Beziehungen

150

1. être	(très) sociable, liant affable, direct sauvage, renfermé	*(sehr) umgänglich, kontaktfreudig freundlich, direkt menschenscheu, verschlossen*	*sein*
2. être individualiste		*ein Individualist sein*	
3. être d'(un) abord facile, difficile		*leicht, schwer zugänglich sein*	
4. avoir des attaches[1] (familiales par ex.)		*Bindungen haben (z. B. zur Familie)*	
5. n'être attaché à rien ni à personne		*an nichts, an niemandem hängen*	
6. être libre comme l'air		*frei wie der Vogel in der Luft sein*	

---

[1] Bien qu'ayant quitté le Canada à l'âge de 20 ans, il y a conservé de solides attaches.
Nos attaches familiales sont doubles: elles se situent en Bourgogne et en Provence.

7. avoir (adopter) une attitude	condescendante désagréable protectrice arrogante	ein	herablassendes unangenehmes gönnerhaftes arrogantes	Benehmen haben

8.	avoir, adopter une attitude ferme, décidée (vis-à-vis de, à l'égard de, envers qn.)	eine feste, entschiedene Haltung haben, einnehmen
151 9.	La chaleur humaine lui fait défaut. Il manque de chaleur humaine.	Es fehlt ihm an Herzlichkeit.
10.	se comporter en homme responsable, autoritaire	sich verantwortungsbewußt, autoritär verhalten
11.	se lier, se brouiller facilement avec qn.	sich leicht mit jm. anfreunden, verfeinden
12.	se lier d'amitié (avec qn.)	(mit jm.) Freundschaft schließen
13.	établir des liens, des rapports	Beziehungen herstellen
14.	être d'une grande méfiance à l'égard des autres	anderen gegenüber voller Mißtrauen sein
15.	être solitaire	einsam sein
16.	se montrer réservé vis-à-vis de qn.	sich jm. gegenüber zurückhaltend zeigen
17.	être accommodant avec qn.	jm. gegenüber entgegenkommend, gefällig sein
18.	avoir des sentiments ambivalents[1], mitigés	ambivalente, gemischte Gefühle haben

Attitude de l'individu face à la société — **Haltung des einzelnen gegenüber der Gesellschaft**

152 1.	vivre en harmonie avec la société	in Harmonie mit der Gesellschaft leben
2.	s'adapter à qc.[2]	sich an etw. anpassen
3.	se conformer à qc.[3] (aux règles de la vie en société, aux normes de la société par ex.)	sich nach etw. richten (z. B. nach Vorschriften des gesellschaftlichen Lebens, nach den gesellschaftlichen Normen), sich an etw. anpassen

---

[1] Les sentiments que j'éprouve pour mon père sont ambivalents: d'une part, je ressens pour lui une grande admiration, d'autre part, cependant, je ne parviens pas à adhérer complètement à ses idées.
[2] Le rythme de la vie va en s'accélérant et il faut apprendre à s'y adapter.
[3] Pour se conformer aux règles de la vie en société, il faut savoir faire passer l'intérêt général avant l'intérêt particulier.

4.	s'accommoder de qc.[1] (d'une vie simple, de la vie de tous les jours par ex.)	sich mit etw. abfinden (z. B. mit einem einfachen Leben, mit dem Alltag), sich an etw. anpassen
5.	faire des concessions	Kompromisse schließen
6.	faire preuve de souplesse[2]	sich flexibel, anpassungsfähig zeigen
7.	avoir une attitude flexible	eine flexible Haltung einnehmen
8.	être inflexible, intransigeant	unflexibel, kompromißlos sein
9.	être conservateur, révolutionnaire, indépendant	konservativ, revolutionär, unabhängig sein
10.	être anarchiste, contestataire	Anarchist, gegen die bestehende Ordnung sein
11.	être révolté contre qc.	sich gegen etw. auflehnen
12.	être un esprit indépendant	ein Mensch mit eigener Meinung, eigenen Ansichten sein
13.	contester les lois en vigueur	die bestehenden Gesetze in Frage stellen
14.	faire preuve d'une attitude fondée sur la contestation et le non-conformisme	eine Haltung des Protests und des Nonkonformismus an den Tag legen
15.	être de droite, de gauche, du centre	politisch rechts, links, in der Mitte stehen
16.	s'engager pour qc. (la paix par ex.)	sich für etw. einsetzen (z. B. für den Frieden)
17.	s'engager politiquement	sich politisch engagieren
18.	être engagé dans qc. (dans l'action politique, syndicale par ex.)	engagiert tätig sein (z. B. in der Politik, der Gewerkschaft)
19.	lutter pour qc. (ses idées par ex.), contre qc. (le gaspillage par ex.)	kämpfen (z. B. für seine Ideen, gegen die Verschwendung)
20.	prendre (garder) ses distances[3] (vis-à-vis de, par rapport à)	sich von jm., von etw. distanzieren

---

[1] Ce n'est pas que cet arrangement les ait complètement satisfaits, mais ils avaient décidé de s'en accommoder.
Bien qu'ils aient connu l'aisance (Wohlstand) dans leur jeunesse, ils se sont très bien accommodés d'une situation plus modeste par la suite.

[2] Pour pouvoir s'adapter à une situation nouvelle, il faut faire preuve de souplesse d'esprit.
Son plus grave défaut est certainement d'être toujours intransigeant. Son entourage, par contre, doit faire preuve avec lui d'une grande souplesse.

[3] Je ressentis très vite le besoin de prendre mes distances par rapport à ce groupe dont je ne partageais pas les idées.

21. être mal intégré, inséré dans la société	schlecht in die Gesellschaft integriert, eingegliedert sein	
22. n'être qu'un rouage (de l'appareil politique par ex.)	nur ein Rädchen sein (z. B. im Getriebe der Politik)	
23. n'être qu'un pion sur l'échiquier (de la politique internationale par ex.)	nur eine Figur auf dem Schachbrett sein (z. B. der internationalen Politik)	

6. Valeur morale de la personne — Moralischer Wert der Person

Conception de la vie — **Lebensauffassung**

154

1. être	optimiste, pessimiste dilettante, idéaliste pragmatique, utopiste	optimistisch, pessimistisch ein Dilettant, ein Idealist praktisch veranlagt, ein Utopist	sein

2. être un touche-à-tout	jd. sein, der tausend Dinge anfängt und nichts zu Ende führt
3. être indifférent à qn., à qc.	jm., etw. gegenüber gleichgültig sein
4. faire preuve d'une grande indifférence (à l'égard de, vis-à-vis de)	jm., etw. gegenüber eine große Gleichgültigkeit an den Tag legen
5. avoir des critères moraux[1]	moralische Maßstäbe haben
6. être basé sur un système de valeurs	auf einem Wertsystem beruhen
7. l'échelle des valeurs	die Wertskala
8. essayer d'établir une hiérarchie des valeurs	versuchen, eine Hierarchie der Werte aufzustellen
9. organiser sa vie	sein Leben gestalten
10. s'organiser[2]	(seinen Tagesablauf usw.) planen

Conflits — **Konflikte**

155

1. vivre, entrer en conflit avec la société	mit der Gesellschaft im Konflikt leben, in Konflikt geraten
2. entrer en conflit avec les lois	mit dem Gesetz in Konflikt kommen
3. entrer en conflit d'intérêts	in einen Interessenskonflikt geraten

[1] Quels sont les critères moraux qui déterminent l'action de cette personne?
[2] Ils se sont bien organisés et parviennent ainsi à faire un maximum de choses en un minimum de temps.

4. avoir des intérêts qui s'opposent	*gegensätzliche Interessen haben*
5. se trouver dans une situation conflictuelle	*sich in einer Konfliktsituation befinden*
6. tenter vainement de rapprocher des points de vue en fait incompatibles	*vergeblich versuchen, Standpunkte, die im Grunde unvereinbar sind, in Einklang zu bringen*
7. des valeurs qui s'affrontent et qui s'avèrent finalement incompatibles	*Werte, die aufeinander prallen und die sich schließlich als unvereinbar herausstellen*
8. résoudre un conflit	*einen Konflikt lösen*
9. trouver une solution à un conflit	*eine Lösung für einen Konflikt finden*
10. trouver une issue à un conflit	*einen Ausweg aus einem Konflikt finden*
11. concilier des opinions, des points de vue, des vues, des intérêts[1]	*Meinungen, Standpunkte, Interessen ausgleichen*
12. être conciliable, compatible avec qc.[2]	*mit etw. vereinbar sein*
13. rester sans solution	*ungelöst bleiben*

Motivations — **Motive, Beweggründe**

156

1. être motivé, animé, guidé par qc.	*motiviert, angeregt, geleitet werden*
2. avoir une motivation	*motiviert sein*
3. les mobiles de l'action	*die Motive für die Tat*
4. chercher à faire qc.	*versuchen, sich bemühen, etw. zu tun*
5. s'inspirer de qn., de qc.[3]	*von jm., etw. inspiriert werden, sich an etw. anlehnen*

---

[1] Les Anglais, les Français et les Allemands ont sur l'Europe des vues très différentes qui sont souvent très difficiles à concilier.
Il est souvent difficile de concilier les intérêts des différents membres d'une famille.

[2] Ta façon d'agir est à peine conciliable (compatible) avec les théories que tu avances constamment.

[3] Cet écrivain s'inspire largement de la technique du roman picaresque (Schelmenromans).
Cette mode s'inspire du style des années 30.

Réactions	Reaktionen
157 1. réagir positivement, négativement à un événement	*auf ein Ereignis positiv, negativ reagieren*
2. accepter un état de fait	*einen Sachverhalt hinnehmen*
3. se résigner à faire qc.	*sich mit etw. abfinden*
4. se révolter contre qc.	*sich gegen etw. auflehnen*
5. se soumettre, se plier à qc. (à une règle, une loi, un ordre par ex.)	*sich etw. unterwerfen, beugen (z. B. einer Vorschrift, einem Gesetz, einem Befehl)*
6. s'habituer à l'idée[1]	*sich an etw. gewöhnen*
7. se faire à l'idée[2]	*sich mit etw. abfinden*

Conscience de soi	Selbstbewußtsein
158 1. être sûr de soi	*seiner sicher sein*
2. douter de soi-même	*an sich zweifeln*
3. avoir une grande confiance en soi[3]	*großes Selbstvertrauen haben*
4. avoir (une) bonne opinion de soi-même	*eine gute Meinung von sich haben*
5. être conscient de sa (propre) valeur	*sich seines Wertes bewußt sein*
6. avoir une conscience aiguë de qc. (de son identité, sa valeur par ex.)	*ein starkes Bewußtsein von etw. haben (z. B. von seiner Identität, seinem Wert)*
7. se définir comme qc.	*sich verstehen als, seine Aufgabe darin sehen*
8. se vouloir très ouvert, différent des autres, supérieur	*sehr aufgeschlossen, verschieden von den anderen, überlegen sein wollen, sich sehr aufgeschlossen usw. geben*

---

[1] Il faudra bien que tu t'habitues à l'idée de faire chaque semaine les trajets entre Sens et Auxerre.
[2] J'ai eu bien du mal à me faire à l'idée que nous allions devoir quitter ce pays de rêve.
[3] Il n'est pas plus doué qu'un autre, mais son immense confiance en soi est un atout qui lui sert dans la vie.
Sa confiance en soi est absolument inébranlable (unerschütterlich).

159

9. se situer à mi-chemin entre deux courants (entre le réalisme et le naturalisme par ex.)	*sich zwischen zwei Richtungen einordnen (z. B. zwischen dem Realismus und dem Naturalismus)*
10. se chercher	*sich suchen*
11. penser, se dire dans son for intérieur	*in seinem Inneren denken, sich sagen*
12. avoir des manies	*Ticks haben*
13. être complexé	*Komplexe haben, gehemmt sein*
14. souffrir d'un complexe d'infériorité	*unter einem Minderwertigkeitskomplex leiden*
15. se sentir aliéné	*sich selbst entfremdet sein*
16. souffrir d'un sentiment d'aliénation	*unter einem Gefühl der Selbstentfremdung leiden*

Deutsches Stichwortverzeichnis zum Wortschatz

(Die Ziffern verweisen auf die Paragraphen und die Numerierung innerhalb der Paragraphen.)

A

abfinden, sich mit etw. = 152/4, 157/3,6
abgehackt 88/33, 34, 62
abgekapselt sein 145/5h
abgespannt aussehen 137/13
abhandeln 25/5
abheben, sich stark = 104/5
Abitur, das = machen 116/6
ablehnen 42/2,4
Abneigung, gegen etw. eine = haben 146/13
abschätzen, das Risiko = 54/4
abschließend 37/4, 83/1,4
Abschnitt, Lebens = 119/6, 129/13
Absicht, die = haben 100/10,
 in der = 103/1,3
absichtlich 101/1,2
Abstammung, von adeliger usw. = sein 115/7
Abstand haben, gewinnen 60
abstechen, von etw. = 104/5
abstoßend, ein = es Äußeres haben 136/1
abstrakt 88/1
abwägen 54/1,2,3
abweichend 105/1
abzielen, auf etw. = 99/4
achtbar sein 145/5m
älter, = aussehen als 137/21, = sein als 137/22
ändern, nichts an seinen Lebensgewohnheiten usw. = 126/14, den Kurs usw. = 128/4
ängstlich sein 145/5b
Äußeres, ein ansprechendes usw. = haben 136/1, durch sein = begünstigt usw. sein 137/18
äußern, sich = 30/6,6; 139/4
aggressiv, eine = e Art an sich haben 142/6
Ahnung, keine = haben 144/11
akzeptieren, sich = 133/19
alles in allem 37/2,3
allgemein 88/32
Allgemeinbildung 143/1
also 97/1
alt aussehen 136/9c
Alternative, sich vor eine = gestellt sehen 128/9
ambivalent, = e Gefühle haben 151/18
Amt, ein = innehaben 120/9, das = ausüben 120/10
analysieren 88/6
Anarchist sein 152/10
anbetrifft, was = 64/1–5
andere, mit = n Worten 77/5, ein = r Mensch werden wollen 131/18
andererseits 85/5
anders ausgedrückt 77/4
andeutungsweise 88/4
Anfang, am = 87/5
anfangen, etw. = 26/7, neu = 130/6, wieder ganz von vorne = 130/7, tausend Dinge = 154/2

anfreunden, sich = 151/11
anführen, Argumente = 40/2, ich möchte (man kann) = 75/2,3; als Beispiel = 79/1
angeben, genauer = 34/3
angehen, jn. etw. = 63/13
angemessen 88/7
angenommen, (daß) 112a/7,8,10
angeregt werden 156/1
angespornt werden 132/4
angetrieben werden 132/4
Angriff, etw. in = nehmen 26/8, 125/7
ankämpfen, gegen etw. = 127/6
Anlagen, natürliche = 139–142
anläßlich 93/6,7
anlehnen, sich an etw. = 156/5
anmaßend, ein = es Benehmen an den Tag legen 148/29
Anmaßung, voller = sein 146/10
anmutig sein 137/16
Annahme, in der =, daß 112a/9
annehmen 42/1, 112/1,13; Bedingungen = 112/12
anpassen, sich an etw. = 152/2,3,4
anpassungsfähig sein 152/6
anschaulich 88/15,27,53
anschließend 84/2
Anschluß, im = an 98/1
anschneiden 26/1,2,3
ansehen als 52/1
Ansicht, seine = ändern 46/14, nach = 47/1, eine = haben 58/3, jd. mit eigenen = en 152/12
anspielen, auf jn., etw. = 62/4
anspielend 88/4
ansprechend, ein = es Äußeres haben 136/1
anstatt 108/7
Anstoß, den = geben 89/7
anstrengend sein 141/1l
antreiben 89/6
avisieren 63/11
anziehend, eine = e Person 135/16, = sein 145/5g
Argumente, = abwägen 54/1
arrogant, ein = es Benehmen haben 150/7
Art, eine aggressive usw. = haben 142/6
Aspekt, unter dem = 59/1
aufbrausend sein 141/1b
Auffassung, seine = darlegen 48/4
Auffassungsgabe, rasche = 135/10
Aufgabe, = sein von 66/9, sich zur = machen 121/4, seine = darin sehen 158/7,
aufgeben, seine Stellung = 129/19, seine Gewohnheiten = 130/9
aufgeschlossen sein 139/6, 7, 8; 145/5k; 158/8
Aufgeschlossenheit, voller = sein 146/10
aufgeweckt, = sein 137/17, ein = es Kind sein 139/12
aufgreifen 26/4
aufgrund von 53a, 93/3,5
aufhellen 34/8

113

aufklären 34/12
auflehnen, sich gegen etw. = 50/2, 131/14, 152/11, 157/4
Aufmerksamkeit, die = lenken auf 75/11
aufrecht, =er Charakter 145/1
aufrichtig sein 145/5l
Aufrichtigkeit, voller = sein 146/10
aufsässig, eine =e Art an sich haben 142/6
aufstellen, die Hypothese = 112/4
aufteilen, sich in etw. = 38/6
Auftreten, ein glänzendes usw. = haben 136/5,7; 137/15
aufwerfen 26/4
Auge, ins = fassen 53/2, 100/17; jm. die =n öffnen 55/10; (blaue) =n haben 138/23,32; mit (haselnußbraunen) =n 138/24
Augenblick, in diesem = 68/2, im =, (als) 71/1,3,8; in jenem (diesem) = 71/4; bis zu dem =, als 71/7; jeden =71/9
Ausbildung 116–118; eine = haben, erhalten 118/16; einen =sgang durchlaufen 118/17
ausdrücken, sich = 30/6
Ausdruck, zum = bringen 30/1,7; zum = kommen 30/8, 31/9
ausführen 34/9
ausführlich 88/19
ausgeglichen, ein =es Wesen haben 145/4, immer = sein 148/27
ausgehen, davon = 112/6; von der Hypothese = 112/3; von falschen Voraussetzungen = 112/5
ausgelassen sein 145/5m
ausgleichen, Meinungen, Standpunkte usw. = 155/11
auskennen, sich in etw. = 144/16
auslegen 34/5
auslösen 89/2
ausmachen 32/23
ausmalen, sich = 57/1
aussehen 136/9,10,11,12; 137/13,14,21
außerdem 84/5,6
Ausweg, einen = finden 155/10
auszusetzen, etw. = haben 50/4
autoritär, =es Verhalten 147/21, sich = verhalten 151/10

B

bald 70/7
beabsichtigen 99/3,7,9
Bedenken, = anmelden 51/1
Bedenkzeit, nach einer = 74/14
Bedeutung, = beimessen 75/10,12
Bedingung 112–112b, eine = ist 112/7, die =en sind 112/8, =en diktieren 112/9, =en, unter denen 112/10, sich an =en halten 112/11, =en annehmen 112/12, unter der =, daß 112a/2, unter welchen =en 112b/1
Bedürfnis, ein = haben 142/5
beenden, etw. = 131/12
begabt sein 139/2
Begabung 139/3
begeistern, sich = 146/15

begeistert sein 141/1m
Beginn, zu = 81/1,4,5; 87/5
beginnen, ein neues Leben =, ganz von vorne = 130/5
begründen 40/6,7; 89/3
begründet, in etw. = liegen 90/19
begünstigt sein 137/17,18
behandeln 26/5
beherrschen, sich zu = wissen 142/8, seine Gefühle = 142/9
bei 67/4, 93/7
Beispiel, als = anführen 79/1,6, als = dienen 79/3, als = nehmen 79/4, ein = darstellen 79/5, ein = anführen aus 79/7, zum = 80/1, wie zum = 80/2,3
sich beißen (Farben) 104/4
Bekanntschaft, js. = machen 56/3
beleidigt sein 141/1d
bemerken, etw. = 55/7
bemühen, sich = 156/4
benachteiligt sein 137/17,18
Benehmen, kein = haben 136/6, ein = an den Tag legen 148/29, ein herablassendes usw. = haben 150/7
Bereich, in den = gehören 66/1,5; im = liegen 66/11; im = 67/4,6,8
bereichert, aus etw. = hervorgehen 126/8
berücksichtigen 53/1,3,4,5
Berücksichtigung, unter = von 53a
Beruf, sich auf einen = vorbereiten 119/1, sich für einen freien = entscheiden 119/2
berufen sein 119/7
Berufsausbildung 117–118
beruhen, auf etw. = 90/18, 154/6
Bescheidenheit, voller = sein 146/10
beschlagen sein 143/3
beschränkt sein 139/1
beschreiben 28/4,5
beschreibend 88/18
Beschreibung, eine = geben (finden) 28/8
besondere(r, -s) 88/67
Bestandsaufnahme, eine = machen 55/12
bestätigen 31/16
bestehen, aus etw. = 38/1, darin = 39/1,2,3,4,5; in etw. = 90/19
bestimmt, für etw. = sein, = sein, etw. zu tun 99/5
bestreiten 50/2
bestürzt sein 127/4
Betätigung, außerberufliche =en 121, ein Bedürfnis nach = haben 142/5
betonen 75/1
Betracht, in = ziehen 52/2,3,4; in = kommen 53/5
betrachten als 52/1
betreffen 63/10,11
betreiben, eine Sportart = 149/3
betrifft, was = 64/1,2,3,4,5
beugen, sich = 157/5
Beweggründe 156
Beweggrund, ein = 91/30
Beweis, den = liefern 40/5
beweisen 31/16, 40/3,4; Haltung = 136/4
bewirken 94/6
bewußt, sich einer Sache = sein, werden 55/1,2,3; 124/8; 158/5; jm. etw. = machen 55/8
Bewußtsein, ein starkes = haben 158/6
Bewußtwerdung 55/5

bezeichnend 35/6
bezeugen 31/15,16
beziehen, sich auf etw. (jn.) = 62/1,2,3; 63/14
Beziehung, eine = haben mit, zu 62/5;
    eine = herstellen 63/9, 151/13; zwischenmenschliche =en 150–153, persönliche =en 150–151
bezwecken 99/4,11
bezug, in = auf 64/6,10; 67/9
Bilanz, die = aufstellen, = ziehen 54/6
Bild, ein = malen, entwerfen 28/6
bildhaft 88/36, 53
billigen 43/1
Bindungen, = haben 150/4
Biographie 114–133
Blick, einen durchdringenden usw. = haben 138/33
Blickwinkel, unter dem = 59/3
blind, für etw. = sein 139/10
blühend, = aussehen 136/11, eine =e Phantasie haben 140/2
Boden, auf dem = der Tatsachen stehen 147/23
brechen, mit der Vergangenheit = 130/1, mit etw. gebrochen haben 131/13
bringen, dazu = , etw. zu tun 89/5, etw. hinter sich = 129/14
Bruch 130–131

C

Charakter 124/2, 135/12, 145–148, 145/1,2,3
Charakterbeschreibung 139–159
charakterisieren 28/9
charakteristisch für 35/2
Charme haben 137/19

D

da 92/1,4
dagegen 107/2,3
daher 97/1,8
damals 69/1,2
damit 102/1, = nicht 102/2,3
danach 84a/11, einige Zeit = 74/11, lange = 74/12, kurze Zeit = 74/13
dank 113/6
dann 84a/10
darlegen 34/6, 48/4
darstellen 28/1,2; 31/10, 32/23
Darstellung, eine = geben 28/8
darüber hinaus 84/5
dazu, = kommen, übergehen 82/1; = kommt 84/4
Deckname, unter dem =n 93/8
definieren 34/4
denken, in seinem Innern = 159/11
Denkweise, eine miese = haben 146/6
denn 92/3, 92a
dennoch 111/2,3,4
depressiv sein 145/5e
deshalb 97/2, 103/3; = weil 92/5; nicht = weil 92/6; = nicht 97/9
desillusioniert, = aussehen 136/9

dicht 88/17
dichterisch 88/54
differenzieren 33/8
Dilettant, ein = sein 154/1
direkt 88/20, = sein 150/1
diskutieren 40/1
Distanz, aus der = 60a/1
distanzieren, sich = 51/3, 153/20
distanziert, ein = es Verhältnis haben, einnehmen 51/2, in der Rolle eines =en Beobachters 60a/2
doch 77/7
dramatisch 88/21
düster, ein =es Wesen haben 145/4
dumm sein 139/1
durch 113/4, = viel + Subst. 113/7
durchdringend, einen =en Blick haben 138/33
durchlaufen, einen Ausbildungsgang = 118/17, Entwicklungsphasen usw. = 125/2
durchmachen, eine Krise = 127/1, eine schwere Zeit = 127/3
durchsetzen, seine Ideen = 75/13, sich = 132/3
durchstehen, etw. = 129/14

E

Ebene, auf der = 67/3,4,5
ehrenamtlich, eine =e Tätigkeit ausüben 121/3
Ehrgeiz, jd. mit = 134/8
ehrgeizig sein 141/1n, 145/5d
ehrlich sein 145/5l
eigen 88/68, jd. mit =er Meinung 152/12, jd. mit =en Ansichten 152/12
Eigenschaften, angeborene = 139–142, erworbene = 143–144, gute und schlechte = 145–148
Eindruck, den = erwecken 137/22
einerseits ... andererseits 85/1,2,3
einfach 88/65, einen =en Charakter haben 145/1
einfältig sein 139/1
einfallsreich sein 140/6
einfügen, sich in etw. = 66/6
eingebildet sein 141/1n, 145/5j
eingegliedert sein, in die Gesellschaft = 153/21
einigen, sich über etw. = 44/2
einleitend 81/2,3,4,5
einnehmen, eine Haltung = 150/8
einordnen 66/2,3,7,8; sich = 159/9; zeitlich = 68–74
einräumen 109/1,2
einsam sein 151/15
einschlagen, einen Weg = 129/17
einschließen 38/3
Einschnitt, einen = markieren 128/2
Einschränkung 109–112, =en machen 109/5
einsetzen, sich für etw. = 153/16
Einstellung, eine = haben 146/6,7
einteilen, sich = lassen 38/5
Einwände machen 109/6
einzeln, Haltung des =en gegenüber der Gesellschaft 152–153
Emanzipation 134/6
empfänglich, für etw. = sein 139/8

115

empfindsam sein 141/1g
Ende, am = 87/7
endgültig 37/4
endlich 84/3
energielos sein 141/1c
enervierend sein 141/1k
engagieren, sich = 153/17
engagiert 88/23, = tätig sein in 153/18
engstirnig sein 139/1
entdecken 33/10, 56/2
entfalten, seine Persönlichkeit = 133/15
entfremdet, sich selbst = sein 159/15
entgegengesetzt 105/2,3,6
entgegenkommend sein 151/17
entgegenstellen, sich etw. = 104/1
enthalten 38/4
enthüllen 31/11
entmutigt werden 133/11
entnervend sein 141/1k
Entscheidung, ein Mann der schnellen = en 135/10
entschieden, eine = e Haltung haben, einnehmen 150/8
entspannt, ein = es Auftreten haben 136/7, = sein 141/1h
entsprechen 63/8
enttäuscht sein 141/1l
Enttäuschung, eine = erfahren 133/12,13
entwickeln 34/9, sich = 128/1, sich (weiter-, fort-) = 124/1
Entwicklung der Person 123–133
Entwicklungsphase, = n durchlaufen 125/2
episch 88/25
erfahren, eine Enttäuschung = 133/13, eine Kränkung = 133/14
Erfahrung, = en 125–126, die = machen 125/4, aus einer = seelisch bereichert usw. hervorgehen 126/8, eine Lehre aus der = ziehen 126/13
Erfahrungsschatz, einen reichen = haben 143/7
erfassen 33/11
erfinderisch sein 140/6
Erfolg 132–133, die Stufenleiter des beruflichen = es emporklettern 119/5, = haben 132/10, = im Leben haben 133/16, am = vorbeigehen 133/18
Erfüllung, seine = finden 133/15
erfunden, frei = 88/30
ergeben, sich aus etw. = 94/5
Ergebnis, ein = ist 95/9
ergibt, daraus = sich 94/1,2
erhalten, eine Erziehung = 143/1
erkennen 33/9,10,11; = lassen 32/19
erklären 34/1,12; sich = 34/2
erleiden, eine Niederlage usw. = 133/12
ermutigt werden 132/4
eröffnen, jm. Perspektiven usw. = 55/11, weitere Horizonte = 144/15
erscheinen 32/18,20
Erscheinung, äußere = 136–138
erst, = ens 86, schon in der = en Strophe 87/1, im = en Akt 87/2, im = en Kapitel 87/3, im = en Teil 87/4
erstrecken, sich auf etw. = 62/3
Erwachsensein, Übergang von der Jugend zum = 124
erwähnen 27/1,2; zu = ist noch 84/7
erwarten 99/8
erweisen, sich = 30/4, 31/12, 32/21

erweitern, seinen Horizont = 124/6, 144/14; seine Kenntnisse = 144/13
erzählen 27/3,4
erzählend 88/46
Erziehung 143–144, eine gute = haben 143/1
erzogen, gut usw. = sein 143/2
esoterisch 88/26
Etappe, = n durchlaufen 119/6
Experte, auf einem Gebiet = sein 120/12
extravertiert sein 145/5i

F

Fach-, fachlich 88/73
Fähigkeiten, intellektuelle = 139–140, im Vollbesitz seiner (geistigen) = sein 139/11
Fälle, auf alle = 111/12
Fall, auf jeden = 111/9,11; im =e 112a/3,4; in diesem = 112b/3
falls 112a/3,10
Familie, aus einer bürgerlichen usw. = stammen 115/2, einer kinderreichen usw. = angehören 115/6
Familienstand 122
Familienverhältnisse 115
farblos 88/47
faßbar, nicht = sein 145/5d
fehlt, es = ihm an 151/9
feige sein 145/5b
Feigheit 135/12
feinsinnig sein 143/3
fertig, mit einem Problem = werden 132/8
fest, einen = en Charakter haben 145/1, eine = e Haltung haben 150/8
festhalten, an seiner Meinung = 48/5, an seinen Ideen = 147/18
Figur, eine gutgebaute = haben 136/3, wie die = aus einem Roman aussehen 136/10, nur eine = auf dem Schachbrett sein 153/23
Filmschauspieler, wie ein = aussehen 136/2
finden 45/3, 52/5; sein Gleichgewicht (wieder)= 146/11
fleißig sein 145/5g
flexibel, = sein 152/6, eine =e Haltung einnehmen 152/7
fliehend, ein =es Kinn haben 138/28
flott 88/3
flüchten, sich in etw. = 133/21
flüssig 88/16
Folge 94–98, zur = haben 94/4, 95/7; eine = ist 95/8,9; die = n auf sich nehmen 95/10; die = n sind 95/11; = n nach sich ziehen 95/12; die = n von 95/14; die = sein von 95a
folgend, im = en 82/2
folgt, daraus = 94/1,2
folglich 97/1,3,4,5,6,7
Format, ein Mann von = 134/3
Formel, auf eine = bringen lassen 36/5
formulieren, genauer = 34/3
Fortbildungslehrgang 117–118; 118/13
Frage, in = stellen 50/2,3; 152/13; (sich) die = stellen, ob 53/6
frech, ein =es Benehmen an den Tag legen 148/29

frei, = wie der Vogel in der Luft sein 150/6
freimachen, sich von etw. = 130/8, 131/11
Freizeit, seine = mit etw. verbringen 149/7, jm. keine = lassen 74/9, =beschäftigungen 149
freundlich sein 150/1
Freundschaft schließen 151/12
fröhlich, ein =es Kind sein, einen =en Blick haben 138/33
früher 69/5,12
führen, zu etw. = 94/4
Für, das = und Wider abwägen 54/2
Furcht, aus =, daß 102/2,3
Fußstapfen, in js. = treten 126/16

G

gebaut, eine gut =e Figur haben 136/3
Gebiet, auf dem = 67/6,8,9
gebildet, 134/5, 143/3
gebürtig 115/1
Geburt, von = 93/5
Geburtsdatum 114
Geburtsort 114
Gedanken, jn. auf den = bringen 55/9
gedenken, etw. zu tun = 99/9
gedrängt 88/17,57
gefällig, = aussehen 136/9, = sein 151/17
Gefühle, ambivalente usw. = haben 151/18
gefühlvoll 88/43
gegen, = etw. sein 105/3
Gegengewicht, ein = zu etw. bilden 104/12
Gegengrund 109–112
Gegensatz 104–108, zu etw. im = stehen 104/3,6,10; 105/2; zu etw. einen = bilden 104/11; im = dazu 107/1; im = zu 108/1,2,4
gegensätzlich 105/1, =e Interessen haben 155/4
Gegenstand, zum = haben 26/6
Gegenteil, das = beweisen 104/8, das = behaupten 104/9; ganz im = 107/1
gegenüber 64/7,9
gegenübersehen, sich Schwierigkeiten usw. = 125/6
gegenwärtig 68/1,3,7
Gegenwart, in der = leben 74/2
gehemmt sein 159/13
gehören, zu etw. = 66/9,10,11,12; in den Bereich = 66/1,5
geistig, = lebendig sein 139/1, = begabt sein 139/2, =e Begabung 139/3, =e Aufgeschlossenheit 139/6, voller =er Aufgeschlossenheit sein 146/10
geizig sein 145/5a
gelassen sein 141/1h
gelaunt, gut (schlecht) = sein 148/25
gelehrt sein 143/3
geleitet werden 156/1
gelöst, ein =es Auftreten haben 136/7
gelten als 52/3
Genie, = haben 140/5
geprägt, von etw. = sein 126/9
Gesamtübersicht, eine = geben 36/2
geschickt sein 143/8
Geschmack, = haben 143/9, an etw. = haben 146/12

Gesellschaft, Haltung des einzelnen gegenüber der = 152–153
Gesetz, mit dem = in Konflikt kommen 155/2
gesetzt sein 141/1f
Gesicht, ein längliches usw. = haben 138/25
Gesichtspunkt, unter dem = 59/2
gestalten, die Welt neu = wollen 131/16, sein Leben = 154/9
gewandt sein 143/8
Gewicht, = legen auf 75/9, = verleihen 75/12
gewissenhaft sein 145/5g
gewissenlos sein 145/5f
gewöhnen, sich an etw. = 157/7
Gewohnheiten, seine = aufgeben 130/9
glänzend 88/8
gleich 71/8, (nicht) der =e bleiben 130/4
Gleichgewicht, sein = wiederfinden 146/11
gleichgültig, jm. (etw.) gegenüber = sein 154/3
Gleichgültigkeit, hinter der Maske der = 148/28, eine = an den Tag legen 154/4
gleichzeitig 73/8
gliedern, Texte = 81–87
Gliederungselemente, lineare = 84, adversative = 85
gönnerhaft, ein =es Benehmen haben 150/7
grimmig aussehen 136/9
groß, = sein 137/20, im =en und ganzen 37/2
großzügig sein 145/5a
Großzügigkeit, voller = sein 146/10
Gründe, = (haben), etw. zu tun 91/27; es gibt = dafür, daß 91/28; die = sind 91/31
gründen, sich auf etw. = 90/16,17
Grund 89–93; = sein für 89/3; der = für 91/22,23; der = dafür, daß 91/24; aus welchem = 91/25; ein = dafür ist, daß 91/29
Güte, voller = sein 146/10
Gutes, sein = und sein Schlechtes haben 54/7,8

H

Haar, braunes usw. = haben 138/23, mit langen =en 138/24
hängen, an nichts (niemandem) = 150/5
halten, = für 52/1,2,5,6,7,8; irrtümlich = für 52/4; sich an die Bedingungen = 112/11
Haltung, = beweisen 136/4, eine (feste usw.) = haben (einnehmen) 150/8; = des einzelnen gegenüber der Gesellschaft 152; eine flexible = einnehmen 152/7; eine = des Protests usw. an den Tag legen 152/14
Harmonie, in = leben 152/1
Haut, sich (nicht) wohl in seiner = fühlen 147/17, aus seiner = heraus wollen 131/17
heftig 88/76
Heirat 122
heiraten 122/1,2
heißt, das = 77/1
heiter, = aussehen 136/9b, ein =es Wesen haben 145/4
Held, wie ein jugendlicher = aussehen 136/2
helfen, sich zu = wissen 134/1
hellsichtig sein 139/1
herablassend, ein =es Benehmen haben 150/7
herangehen, an etw. = 26/7
herausarbeiten 33/2

herausstellen 33/2, 75/6,7; klar = 75/5; sich = 32/21, 155/7
herausstreichen 75/7
herbeiführen 89/8
Herkunft 115
Herr, = der Lage sein 132/9
herrühren 89/9,10; 90/14,15
herumschlagen, sich mit etw. = 127/5
hervorheben 75/1,2,3,5,8
hervorrufen 89/2
herzlich sein 141/1c
Herzlichkeit 151/9
heute 68/5,6,9; bis = 74/16
heutzutage 68/5
Hierarchie, = der Werte 154/8
Hilfe, mit = von 113/1,2,3
hilfsbereit sein 145/5c
hinauswachsen, über sich = 132/6
hindurch, durch eine Sache = müssen 126/10
hinnehmen, einen Sachverhalt = 157/2
Hinsicht, in dieser = 64/8
hinsichtlich 64/2,5
hinter, etw. = sich lassen 119/6, 129/13, 130/2; etw. = sich bringen 129/14
hinweisen 27/2
Hitzkopf 141/1i
hochtrabend 88/5
Horizont, seinen = erweitern 124/6, 144/14; weitere =e eröffnen 144/15
Humor, Sinn für = haben 147/22
humoristisch 88/35
Hypothese 112–112b, von der = ausgehen 112/3, die = aufstellen 112/4

I

Idealismus haben 147/20
Idealist, ein = sein 134/2, 147/24, 154/1
idealistisch, = veranlagt sein 147/24
Idee, =n haben 140/5, an seinen =n festhalten 147/18
illustrieren 79/8
immer, schon = 73/4
in, = acht Tagen 70/2, = einer Woche 70/7
Individualist, ein = sein 150/2
infolge 93/2, 98/1,2
informieren 27/5,7
informiert sein 143/3
Initiative, ein Mann mit = 135/10
innerhalb, = acht Tagen 70/2
Innere, in seinem =n denken, sich sagen 159/11
Inspiration haben 140/5
inspiriert werden 156/5
integriert, in die Gesellschaft = sein 153/21
intellektuell, =e Fähigkeiten 139
intelligent sein 139/1
Intelligenz 139
Interessen 149, gegensätzliche = haben 155/4, = ausgleichen 155/11
Interessensgebiet, sich anderen =en zuwenden 129/10
Interessenskonflikt, in einen = geraten 155/3
interpretieren 34/5
introvertiert sein 145/5i
ironisch 88/39

J

jähzornig sein 141/1i
Jahr, in den zwanziger usw. =en 69/7, in den letzten =en 69/8, in den kommenden =en 70/3
jedoch 111/1,3,7
jetzt 68/2,7,8; 70/4,5,6; 82/3
Jugend 124

K

kämpfen, für (gegen) etw. = 153/19
Kaliber, von einem ganz anderen = 134/4
kaltblütig sein 142/2
kantig, ein =es Gesicht haben 138/25
karikaturistisch 88/9
Karriere, = machen 119/3,4, eine = aufs Spiel setzen 129/12
Kehrseite der Medaille 54/9
kennenlernen 56/1,2,3
Kenntnis, in = setzen 27/7, über =se verfügen 143/6, =se erwerben (vervollständigen, erweitern) 144/13
kennzeichnend 35/4, ein =er Zug seines Charakters 135/12
Kind, =er haben 122/3, ein aufgewecktes = sein 139/12
Kindheit 123, eine glückliche usw. = verbringen 123/1, eine problemlose = verleben 123/2
Kinn, ein spitzes usw. = haben 138/28
klären 34/8
klar 88/11
klarlegen 34/7
klarsein, sich = 55/6
klarwerden, sich = 55/3,4,6,12
klassisch 88/12
klein sein 137/20
kleinbürgerlich, eine =e Einstellung haben 146/7
kleinlich sein 145/5a
knapp 88/57
kommen, dazu = 82/1
kommt, dazu = 84/4
kompensieren 147/21
Komplexe haben 159/13
kompliziert, einen =en Charakter haben 145/1
Kompromiß, einen = finden 109/7, Kompromisse schließen 109/4, 152/5
kompromißlos sein 147/19, 152/8
Konflikt, =e 155; im = leben, in = geraten 155/1; in = kommen 155/2; sich in einer =situation befinden 155/5; einen = lösen 155/8; eine Lösung für einen = finden 155/9; einen Ausweg aus einem = finden 155/10
konfrontiert sein 104/2
konkret 88/15
Konsequenz, die =en aus einer Sache ziehen 95/13
konservativ sein 152/9
Konstitution, eine zarte usw. = haben 136/8
kontaktfreudig sein 150/1
Konto, auf das = von jm., etw. gehen 90/13
kontrastreich 88/34

konzentrieren, sich darauf = 36/4
Kopf, mit hellem = 135/10
Kosten, auf = von 108/5,6
kräftig, eine = e Konstitution haben 136/8
krank aussehen 136/12
Kränkung, eine = erfahren 133/14
Kreativität 140
kreisen, um etw. = 34/11
Kreuzweg, sich am = befinden 128/6
Krise, = n 127, eine = durchmachen 127/11, in einer = stecken 127/2
kritisieren 50/1
kümmerlich, eine = e Phantasie haben 140/2
Kurs, den = ändern 128/4
kurz, = und gut 37/1, = gesagt 37/3
Kurzportrait 134, 135

L

labil, ein = er Mensch 135/11, einen = en Charakter haben 145/1
länglich, ein = es Gesicht haben 138/25
Lage, sich über die = klarwerden 55/12
lang, eine = e Nase haben 138/29
Lauf, seiner Phantasie freien = lassen 140/4
Laufbahn, berufliche = 119, 120
launisch sein 145/5d
Leben, ins = eintreten 124/7, ein völlig neues = beginnen 130/5, Erfolg im = haben 133/16, im = verfehlen 133/17, seinem = einen Sinn geben 133/20, gut (schlecht) für das = vorbereitet sein 144/10; sein = gestalten 154/9
lebendig 88/3,78; geistig = sein 139/1
Lebensabschnitt, einen = hinter sich lassen 119/6, 129/13; einen = prägen (einen neuen = einleiten) 128/2
Lebensauffassung 154
Lebensunterhalt, seinen = bestreiten 120/13
Lebensweg, äußerer = 114–122
lebhaft 88/24, ein = es Kind 135/13, = sein 141/1a
Lehre 117, eine = beginnen 117/1, eine = aus der Erfahrung (der Vergangenheit) ziehen 126/13
leichtsinnig sein 141/1e
leiden, unter einem Minderwertigkeitskomplex = 159/14, unter einem Gefühl der Selbstentfremdung = 159/16
leidenschaftlich sein 141/1c
Licht, in einem = darstellen 59/4
Lieblingsbeschäftigung, seiner = nachgehen 149/1, etw. als = haben 149/6
liegen 61/2
links, politisch = stehen 153/15
Lippen, schmale usw. = haben 138/31
listig sein 145/5n
Literatur, eine Vorliebe für = haben 149/4
lösen, einen Konflikt = 155/8
Lösung, eine = für einen Konflikt finden 155/9
logisch 88/41
lustig aussehen 136/9b
lyrisch 88/43, 54

M

Malerei, nichts von der = verstehen 144/12
mandelförmig, = e Augen haben 138/32
Mangel, einen = kompensieren 147/21
Maske, hinter der = der Gleichgültigkeit 148/28
Maßstäbe, moralische = haben 154/5
Meinung, derselben = sein 44/3, 45/7; eine = haben 45/1; der = sein 45/2,3; das ist meine = 45/4; seine = sagen 45/5; js. = teilen 46/8; anderer = sein 46/9,10; sich eine = bilden 46/11; seine = ändern 46/12,13; auf eine = verweisen 47; nach = 47/1; meiner (seiner) = nach 47/3; an seiner = festhalten 48/5; ein Mensch mit eigener = 152/12; = en ausgleichen 155/11; eine gute = von sich haben 158/4
meistens 73/3
menschenscheu sein 150/1
Menschenverstand, gesunder = 134/8
mies, eine = e Einstellung (Denkweise) haben 146/6
Milieu, soziales = 115
Minderwertigkeitskomplex, unter einem = leiden 159/14
mißbilligen 43/2
Mißerfolg 132–133
Mißgeschick, gegen das = ankämpfen 127/6
Mißtrauen, anderen gegenüber voller = sein 151/14
mit, = viel (Geduld) 113/7
mitgenommen aussehen 136/11, 137/14
Mitte, politisch in der = stehen 153/15
mitteilen 27/6
Mittel 113
mittelgroß sein 137/20
mittels 113/1
modern 88/44
Möglichkeiten, sich seiner = bewußt werden 124/8, jm. = eröffnen 55/11, zwischen zwei Verhaltens = schwanken 128/8
moralisch, = er Wert der Person 154–159, = e Maßstäbe haben 154/5
Motiv, ein = ist 91/30, = e 156, die = e für die Tat 156/3
motivieren 89/3
motiviert, = werden 156/1, = sein 156/2
Mühe, sich mit = äußern 139/4
mürrisch aussehen 136/9d
Mund, einen wohlgeformten = haben 138/30
Mut, voller = 134/9
mutig sein 145/5b

N

nach (nach Meinung) 47/2
nachdrücklich 88/22
Nachdruck, = legen auf 75/4,9
nachgehen, Freizeitbeschäftigungen usw. = 149/1
Nachteil, die Vor- und = e gegeneinander abwägen 54/3, einen = darin sehen 54/5
nachvollziehen 29/2,3
nachzeichnen 29/1,2
nämlich 77/2,3,7; 92a

nahebringen 56/5
Nase, eine spitze usw. = haben 138/29
Neigungen 149
nennen 79/2
nervös sein 141/1b
neutral 88/47, = bleiben 49/4
nicht, = (deshalb), weil (= als ob) 92/6
nieder, eine = e Stirn haben 138/26
Niederlage, eine = erleiden 133/12
Nonkonformismus, eine Haltung des = an den Tag legen 152/14
nüchtern 88/66
nun 82/3, von = an 70/4,5,6

O

ob, sich die Frage stellen, = 53/7
obgleich 110/1,2
objektiv 88/48, ein = es Urteil haben 139/5
obwohl 110/1,2
offenbaren, sich = 30/2
ohne daß 110/3
optimistisch sein 154/1
ordinär 88/79
ordnen 34/10, 66/8
Ordnung, die Welt wieder in = bringen wollen (sich auflehnen gegen die herrschende =) 131/14, gegen die bestehende = sein 152/10
originell 88/49, = sein 145/5c
oval, ein = es Gesicht haben 138/25

P

paradox 88/50
Parallele, eine = ziehen 65/4
Partei, = ergreifen 49/1,2
parteiisch sein 49/3
passen, nicht zueinander = (Farben) 104/4
passend 88/2,7,56
pausbäckig, ein = es Gesicht haben 138/25
pedantisch sein 145/5j
Person, moralischer Wert der = 154–159
persönlich 88/51
Persönlichkeit, die = entwickelt sich (bildet sich) 124/3, seine = entfalten 133/15, eine starke = haben 146/8, keine = haben 146/9
Perspektiven, jm. = eröffnen 55/11
pessimistisch sein 154/1
Pfade, ausgetretene = verlassen 130/10
pfiffig sein 141/1n
Phantasie, = haben 140/1, eine blühende usw. = haben 140/2, keine = haben 140/3, seiner = freien Lauf lassen 140/4
phantastisch 88/10,31
Phase, eine = des Zweifels usw. durchmachen 125/1, verschiedene Entwicklungs = n (Bewußtseins = n) durchlaufen 125/2
Plan, einen = verwirklichen 100/18
planen 99/1, (seinen Tagesablauf usw.) = 154/10
platt, eine = e Nase haben 138/28

plump 88/42, = sein 137/16, 143/3
Politik, nichts von der = verstehen 144/12, sich in der = auskennen 144/16
politisch, = rechts usw. stehen 153/15, sich = engagieren 153/17
Portrait 134–159, Kurz = 134–135, ausführliches = 136–159
Posten, einen = innehaben 120/9
prägen, einen Lebensabschnitt = 128/2
Pragmatiker, ein = sein 147/24
prägnant 88/14
praktisch, = veranlagt sein 147/24, 154/1
Praktische, den Sinn fürs = haben 139/3
präzise 88/55
Prinzipien, ein Mann mit = 135/10, seinen = treu bleiben 147/18
Problem, mit einem = fertig werden 132/8
Protest, eine Haltung des = s an den Tag legen 152/14
prüfen 33/3,4
Prüfung, eine = machen 116/6, eine = noch einmal machen 116/7, eine = bestehen 116/8, durch eine = fallen 116/9, die Aufnahme = machen 117/2, sich auf eine = vorbereiten 117/3, eine zentrale = machen 117/4, = en machen 117/5, die Abschluß = gemacht haben 118/14, ein Leben voller = en haben 126/11, = en durchmachen 126/12
Punkt, an einem entscheidenden = ankommen 128/7

R

Rädchen, nur ein = im Getriebe sein 153/22
rätselhaft, einen = en Blick haben 138/33, = sein 141/1e
Rahmen, im = von etw. stattfinden 66/4, im = 157/1
Reaktionen 157
Realist, ein = sein 134/2
realistisch 88/58
rechnen, damit = 99/7
rechts, politisch = stehen 153/15
rechtschaffen sein 145/5l
Reife, zur = kommen 124/10
Rente, von seiner = leben 120/18
repräsentativ für 35/3
reserviert, sich = zeigen 109/3
respektlos sein 145/5k
revolutionär sein 152/9
rhythmisch 88/61
richten, sich nach etw. = 152/3
richtig 88/40
Richtung, sich in die eine oder andere = entwickeln 128/1, die = ändern 128/4
Risiko, das = abschätzen 54/4
Rolle, seine = darin sehen 158/7
romanhaft 88/59
Romantiker, ein = sein 134/2
romantisch 88/60
Rückschlag, einen = erleiden 133/12
Ruhestand, sich auf den = vorbereiten 120/16, in den = gehen (im = sein) 120/17
ruhig sein 141/1f
rund, ein = es Gesicht haben 138/25, = e Wangen haben 138/27

S

sagen, etw. zu = haben 45/6, sich in seinem Inneren = 159/11,
sanft, einen = en Blick haben 138/33
Schachbrett, nur eine Figur auf dem = sein 153/23
Schaden, zum = 108/5
scharf 88/76
scharfsichtig sein 139/1
scharfsinnig sein 139/1
scheiden, sich = lassen 122/5
Scheideweg, sich am = befinden 128/6
Scheidung 122
schildern 28/5
schlagfertig sein 142/4
schlau sein 141/1m, 145/5m
schlecht, = aussehen 136/12, = erzogen sein 143/2, = für das Leben vorbereitet sein 144/10, gute und = e Eigenschaften 145–148, einen = en Charakter haben 145/2, = gelaunt sein 148/25, = in die Gesellschaft integriert sein 153/20
schließlich 84/5,8
Schluß, zum = 83/1,3,4; 87/7; als = bemerkung 83/3, einen = strich ziehen 131/12
schmal, = e Lippen haben 138/31
schmucklos 88/86
schöpferisch sein 140/6
schüchtern sein 145/5c
Schulbildung 116
schwärmerisch 88/59
schwanken, zwischen zwei Verhaltensmöglichkeiten = 128/8
schwerfällig 88/42, = sein 145/5n
Schwierigkeiten, sich = gegenübersehen 125/6, sich mit = herumschlagen 127/5, seine = überwinden 132/7, sich mit = äußern 139/4
schwülstig 88/5
schwungvoll 88/24
Seelenzustand, sich in einem bestimmten = befinden 125/3
seherisch 88/77
sei, es = denn, daß 112a/6
Seite, seine guten und seine schlechten = n haben 54/7,8, auf der = von 67/11
selbständig werden 124/5
Selbstbeherrschung 142/10, = besitzen 142/8
Selbstbewußtsein 158–159
Selbstentfremdung, unter einem Gefühl der = leiden 159/16
Selbstgefälligkeit, voller = sein 146/10
Selbstsicherheit, voller = sein 134/9, einen Mangel an = kompensieren 147/21
Selbstvertrauen, großes = haben 158/3
sentimental 88/64
sicher, = ... aber 111/13, ein = es Urteil haben 139/5, seiner = sein 158/1
Sicht, eine = haben 58/1,2
sichtbar machen 32/19
Sinn, seinem Leben einen = geben 133/20, keinen = haben für 139/9, den = fürs Praktische haben 139/3, für etw. = haben 146/12, einen Wirklichkeits = haben 147/20
Situation, mit einer = fertig werden 132/8

so, = daß 96/1,2,7; = sehr, daß 96/3,4,6; = viel(e) ... daß 96/5
sofort 71/8
sogar 77/6
sogleich 71/9
sonst 112a/11
sowieso 111/8,9
Spezial- 88/67
Spezialist, auf einem Gebiet = sein 120/12
spezifisch 88/68
Spiel, seine Karriere usw. aufs = setzen 129/12
spielen 61/2, = lassen 61/1
spitz, ein = es Kinn haben 138/28, eine = e Nase haben 138/29
spöttisch 88/45
spontan sein 141/1a
Sport, gerne = treiben 134/13, 149/2; einem = nachgehen 149/1; eine = art betreiben 149/3
sportlich aussehen 136/9a
Sprache, zur = bringen 26/1,2,3
sprechen, über jn., etw. = 27/3
Spuren, auf js. = wandeln 126/16
Staatsangehörigkeit 114, die französische usw. = haben 114/2, die schwedische usw. = annehmen 114/3
stammen, aus einer bürgerlichen usw. Familie = 115/2, aus bescheidenen usw. Verhältnissen = 115/3,5; aus einer Arbeiterfamilie usw. = 115/4; aus Paris usw. = 115/8
Standpunkt, seinen = ändern 46/14, seinen = darlegen 48/4, seinen = vertreten, verteidigen, begründen 48/1,2; auf seinem = beharren 48/3, = e vergleichen 65/2, vom = aus 59/2, = e ausgleichen 155/11
stark, eine = e Persönlichkeit haben 146/8, ein = es Bewußtsein von etw. haben 158/6
Stelle, an js. = 61/6, an erster = 84/1, an letzter = 84/8
Stellung, = nehmen 48/6, seine bisherige = aufgeben 129/10
Stellungnahme 48/7
Stil, den = kennzeichnen 88, = haben 136/4
Stirn, eine breite usw. = haben 138/26
strahlend aussehen 136/11
studieren 117/7,8
Studium 117–118, ein Jura = usw. beginnen 117/6, 188/10; sein = wieder aufnehmen 118/11
Stupsnase, eine = haben 138/29
subjektiv 88/69
suchen, sich = 159/10
suggestiv 88/70
suspekt, ein = es Benehmen an den Tag legen 148/29
symbolisch 88/72
sympathisch aussehen 136/9a
symptomatisch für 35/5

T

tadeln 43/2
Tag, in den = hineinleben 74/1, ein zweideutiges usw. Benehmen an den = legen 148/29, eine Haltung des Protests usw. an den = legen 152/14, jm. gegenüber eine große Gleichgültigkeit an den = legen 154/4

121

taktvoll, eine =e Person 134/5
Talent haben 140/5
Tat, ein Mann der = 134/1
tatkräftig sein 141/1a
Tatkraft besitzen 142/3
Tatsachen, auf dem Boden der = stehen 147/23
tatsächlich 111/7
teilnahmslos sein 141/1f
Temperament 141–142
Text, =e gliedern 81–87
texteröffnende Wendungen 81
Thema, zum = haben 26/5,6; ein = abstecken 36/3
Tick, =s haben 159/2
tiefliegend, =e Augen haben 138/32
töricht sein 139/1
trachten, danach =, etw. zu tun 99/6
träge sein 141/1e+1
Träumer, ein = sein 134/2
traurig aussehen 136/9d
treffend 88/40, 56
trennen, sich = 122/4
treu bleiben, seinen Prinzipien = 147/18
trotz 111a/1,2
trotzdem 111/5
trügerisch 88/10
Typ, ein ausgeprägter = sein 137/17
typisch für 35/1

U

über, = (in bezug auf) 64/10, = (auf dem Umweg =) 113/4, = (durch Vermittlung) 113/5
Überblick, sich einen = verschaffen, einen = geben 36/3
überdies 84/6
übereinkommen 44/2
übereinstimmen 44/1,3
Übergang, = von der Jugend zum Erwachsensein 124
übergehen, dazu = 82/1,4
überladen 88/71
überlassen, sich selbst = sein 123/3
überlegen sein wollen 158/8
überreden 41/1
übertreffen, sich selbst = 132/6
übertrieben 88/28
überwinden, sich selbst = 132/5, seine Schwierigkeiten = 132/7
überzeugen 41/2,3
überzeugend 88/52
übrigens 85/4,5
umfassen 38/2,3
umgänglich sein 150/1
umgangssprachlich 88/29
umgekehrt 105/6
umschwenken 128/5
Umschwung, einen = erleben 128/3
Umstände, unter diesen =n 112b/2
umstimmen 41/4
Umweg, auf dem = über 113/4
unabhängig, = werden 124/5, = sein 152/9
unangenehm, ein =es Benehmen haben 150/7
unanschaulich 88/1
unausgeglichen 88/38, ein =es Wesen haben 142/6

unausstehlich sein 148/26
unbekümmert sein 141/1g
undeutlich 88/75
undurchschaubar sein 145/5e
undurchsichtig, ein =es Benehmen an den Tag legen 148/29
unempfindlich 139/19
unerklärlich, ein =es Benehmen an den Tag legen 148/29
Unerschrockenheit 135/12
unerträglich sein 141/1j
unflexibel sein 152/8
ungebildet sein 143/3
ungelöst 155/13
ungenau 88/37
Ungeniertheit, voller = sein 146/10
ungestüm sein 141/1b
ungewiß, im ungewissen sein 129/15
ungezwungen, ein =es Auftreten haben 137/15, sich = äußern 139/4, = sein 145/5f
ungleich 88/38
Unglück, gegen das = ankämpfen 127/6
unkonventionell 88/30
unnachgiebig sein 147/19
unscheinbar, eine =e Person 134/4
unschön sein 137/16
unsympathisch, = aussehen 136/9c, ein =es Benehmen an den Tag legen 148/29
unterscheiden 33/5,6,7,8
Unterscheidung, eine = machen 33/7
Unterschied, im = zu 108/3
unterschiedlich 105/7
unterstreichen 75/1,8
untersuchen 33/3,4
unterwerfen, sich etw. = 157/5
unvereinbar 105/4, =e Werte 155/6,7
unversöhnlich 105/5
unverständlich, ein =es Benehmen an den Tag legen 148/29
unvorteilhaft, ein =es Äußeres haben 136/1
unwirklich 88/31,74
unwissend sein 143/3
unzufrieden sein 147/16
Ursache 89–93, für etw. = sein 90/20, seine = in etw. haben 90/21, die = für 91/23
Ursprung, seinen = in etw. haben 90/21
Urteil, ein sicheres (objektives) = haben 139/5
utopisch 88/74
Utopist, ein = sein 154/1

V

vage 88/75
verändern, sich total = 131/15
verändert, aus einer Erfahrung = hervorgehen 126/8
veranlagt, praktisch usw. = sein 147/24
veranlassen 89/4,6,7
veranschaulichen 79/8
Verantwortung, die = für sich übernehmen 124/9
verantwortungsbewußt, sich = verhalten 151/10
verarmt, aus einer Erfahrung seelisch = hervorgehen 126/8

Verbindung, in = stehen mit 62/6, in = mit 67/10
verbringen, seine Freizeit mit etw. = 149/7
verbunden, mit etw. = sein 63/15
Verein, Mitglied eines = s sein 121/1
vereinbar sein 155/12
verfehlen, sein Leben = 133/17
verfügen, über Kenntnisse = 143/6
Vergangenheit, in der = 69/10, in der = leben 74/3, mit der = brechen 130/1, einen Strich unter die = ziehen 130/3
vergegenwärtigen 29/1
Vergleich, im = zu 65a, einen = ziehen 65/3
vergleichen, die Standpunkte = 65/2, mit jm. (etw.) = 65/1
Verhältnis, in keinem = stehen zu 62/7, im = zu 64/6
verhalten, sich verantwortungsbewußt usw. = 151/10
verheimlichen, seine Gefühle usw. = 148/28
verkrampft sein 141/1j
verlangen 99/8
verlassen, ausgetretene Pfade = 130/10
Verlauf, im = 87/6
verlegen 61/1
Vermittlung, durch = 113/5
Verpflichtungen, sich von = freimachen 131/11
verpfuschen, sein Leben = 133/17
verraten 32/17
verschieden 105/7, = von den anderen sein wollen 158/8
verschlossen, ein =es Wesen haben 145/4, = sein 145/5h, 150/1
verschwommen 88/37
versetzen 61/3,4; sich in jn., in seine Lage = 61/5
verständlich, = machen 34/7, schwer = 88/13
Verständnis, für etw. kein = haben 139/9
verstehen, zu = geben 27/8, sich = als 158/7, nichts von der Malerei usw. = 144/12
Versuch, es auf einen = ankommen lassen 125/5, tastende =e machen 129/15
verträglich, ein =es Wesen haben 142/6, ein =er Mensch sein 145/2
verursachen 89/1
verursacht sein durch 89/9
vervollständigen, Kenntnisse = 144/13
Verwegenheit 135/12
verwerfen 42/4
verwickelt 88/13
verwirklichen, sich = 133/15
verwirrend, ein =es Benehmen an den Tag legen 148/29
verwirrt sein 127/4
verwöhnt sein 137/17
verzerrt 88/9
visionär 88/77
voll, =e usw. Wangen haben 138/27, =er Selbstsicherheit usw. sein 134/9, 146/10, 151/12; einen Charakter =er Widersprüche haben 145/3
Vollbesitz, im = seiner (geistigen) Fähigkeiten sein 139/11
voraussetzen 112/1, das setzt voraus, daß 112/14
vorausgesetzt, daß 112a/5
Voraussetzungen, von falschen = ausgehen 112/5
Vorbehalte 51/1, = geltend machen 109/6
vorbereiten 33/4
vorbereitet, gut (schlecht) für das Leben = sein 144/10

vorbringen 40/2
Vordergrund, in den = stellen 75/6
vorhaben 99/1,2; 100/17
vorher 69/6
vorkommen 32/18,20
Vorliebe 149, für etw. eine = haben 146/14, 149/4
vorne, wieder ganz von = anfangen 130/7
vornehm sein 143/3
Vorschrift, sich nach den =en richten 152/3, sich einer = usw. unterwerfen, beugen 157/5
vorstellen, sich = 57/1,2
Vorstellung, eine = von etw. geben 28/2,7; sich eine = machen 47/11, 57/4; eine = haben 57/3, 58/1
Vorteile, die Vor- und Nachteile gegeneinander abwägen 54/3
vortragen, verständlich = 28/3
Vorurteil, sich von seinen =en freimachen 130/8, =e haben 143/4, ohne =e sein 143/5
Vorwand, unter dem = 93/8,9
vorwerfen 43/3
vulgär 88/79

W

während 106/1,2
Wange, volle usw. =n haben 138/27
wankelmütig, ein =er Mensch 135/11
Weg, seinen = suchen, finden 129/15,16; 132/2, einen = einschlagen 129/17, seinen = (im Leben) machen 132/1
wegen 93/1,2,3,4; 98/2
weil 92/2,5,6; 92a
weismachen, jm. etw. = 41/5
Welt, die = durcheilen 126/15, die = wieder in Ordnung bringen wollen 126/17, 131/16
wenden sich von jn., etw. = 63/12
Wendepunkt, einen = markieren 128/2, an einem = ankommen 128/3
wenigstens 111/10
wenn 112a/1, = nicht 112a/6,11
Wert, = legen auf 75/10; moralischer = der Person 154–159; versuchen, eine Hierarchie der =e aufzustellen 154/8; unvereinbare =e 155/6,7; sich seines =es bewußt sein 158/5,6
Wertskala 154/7
Wertsystem, auf einem = beruhen 154/6
Wesen, ein verträgliches = haben 142/6, ein heiteres usw. = haben 145/4
Wichtigkeit beimessen 75/12
widersetzen, sich = 104/1
widerspiegeln 31/13
widersprechen 104/10
Widerspruch, zu etw. im = stehen 104/7
Widersprüche, einen Charakter voller = haben 145/3
widmen 119/8
wie (z. B.) 80/2,3
Willenskraft, voller = 134/9
Wirklichkeit, in = 111/6
Wirklichkeitssinn haben 147/20
Wissen, ein umfangreiches = haben 143/7

123

wissenschaftlich 88/63
Woche, in einer = 70/7
wohlfühlen, sich (nicht) wohl in seiner Haut fühlen 147/7
wohlgeformt, einen =en Mund haben 138/30, =e usw. Lippen haben 138/31
wohlgestaltet, eine =e Figur haben 136/3
wollen, etw. tun = 99/4,8
Wort, mit einem = 37/1, mit anderen =en 77/5, nach seinen eigenen =en 47/4

Z

zart, eine =e Konstitution haben 146/8
zeigen 30/1,3; 31/14,15; sich = 30/2,4; 31/12; 32/22; sich jm. gegenüber zurückhaltend = 151/14
Zeit, zur = 68/1,2,3,4,7; 69/3,4; 72/5; 73/1; in der = 68/10; 72/1,2; in letzter = 69/9; zu jener = 71/4; 73/9; von der = an 71/5,6; bis zu der = 71/7; schon seit einiger = 71/10; von = zu = 73/6,7; mit der = 73/5; mit der = gehen 74/5; sich = lassen 74/6; sich = zum Leben nehmen 74/7; keine = haben 74/8; genügend = vor sich haben 74/10; einige = danach 74/11; kurze = danach 74/13; in =en 72/3; zu =en 73/2; eine schwere = durchmachen 127/3
Zeitalter, im = 68/10
Zeitpunkt, zu einem späteren = 70/1, zu einem = 71/2
Zerwürfnis, im = leben mit 131/13
ziehen, nach sich = 94/3
Ziel 99–103; zum = haben 100/11; sich ein = setzen 100/12; ein = erreichen 100/13,15,16; ein = verfolgen 100/14
zitieren 79/1
zornig, = sein 141/1i, leicht = werden 142/7
zu (gegenüber) 64/7

zuerst 84/1, 84a/9
zufolge 47/2
zugänglich, schwer = 88/26, leicht (schwer) = sein 150/3
zugeben 109/1
Zugeständnisse machen 109/4
zugestehen 109/2
zugunsten 103/4,5,6
Zukunft, in der = leben 74/4, seine = aufs Spiel setzen 129/12
zumindest 111/10
zunächst 81/1,2,3,4; 84/1; 84a/9
zurechtfinden, sich = 144/17
zurechtkommen 144/17
zurückgehen, auf etw. = 90/12
zurückhaltend, = sein 51/2, sich jm. gegenüber = zeigen 151/16
zurückweisen 42/3,4
zusammenfassen 36/1, sich = lassen 36/4,5
zusammenfassend 83/5
Zusammenhang, mit etw. im = stehen 62/2, 66/4; im = 67/1; in diesem = 67/2; in = mit 67/10
zusammensetzen, sich = 38/1
zuschieben, jm. etw. = 90/11
zuschreiben, jm. etw. = 90/11
zuständig sein für 120/11
Zuständigkeit, in die = gehören 66/5
zustimmen 44/1
zutreffen 63/14
zuvor 69/6
zuwenden, sich einer Sache = 129/10
Zwänge, sich von =n freimachen 131/11
Zweck 99–103, zu diesem = 103/3
zweideutig, ein =es Benehmen an den Tag legen 148/29
zweifeln, an sich = 158/2
zweitens 86/2
zwischenmenschlich, =e Beziehungen 150–151